桥梁工程施工与管理

主 编 李 钧 李宝昌 国丽荣

副主编 孙 宇 李 丽 薛文明

主 审 冯玉祥

黑龙江大学出版社
HEILONGJIANG UNIVERSITY PRESS

哈尔滨

图书在版编目（CIP）数据

桥梁工程施工与管理 / 李钧等主编． -- 哈尔滨：
黑龙江大学出版社，2024.3（2025.4重印）
ISBN 978-7-5686-0774-2

Ⅰ．①桥… Ⅱ．①李… Ⅲ．①桥梁施工－施工管理
Ⅳ．①U445.1

中国版本图书馆CIP数据核字（2022）第005660号

桥梁工程施工与管理
QIAOLIANG GONGCHENG SHIGONG YU GUANLI
主　编　李　钧　李宝昌　国丽荣
副主编　孙　宇　李　丽　薛文明
主　审　冯玉祥

责任编辑　高　媛
出版发行　黑龙江大学出版社
地　　址　哈尔滨市南岗区学府三道街36号
印　　刷　三河市金兆印刷装订有限公司
开　　本　787毫米×1092毫米　1/16
印　　张　10.5
字　　数　222千
版　　次　2024年3月第1版
印　　次　2025年4月第2次印刷
书　　号　ISBN 978-7-5686-0774-2
定　　价　45.00元

本书如有印装错误请与本社联系更换，联系电话：0451-86608666。

前　　言

本教材为适应新时期教学需求，依照教育部课改精神及教学改革要求，以工作项目为载体编写而成。

"桥梁工程施工与管理"是一门实用性较强的课程，涉及的学科较多，且综合性强，它是道路桥梁工程技术、市政工程技术专业的一门核心课程。该课程以就业为导向，改革传统教学模式，按桥梁工程施工与管理工作中"质量、进度、造价"三大控制目标确定学习任务，培养学生的实践动手能力，以使学生能够适应职业岗位的要求。

本教材是活页式、新型工作手册式教材，是校企合作开发教材，以"企业岗位（群）任职要求、职业标准、工作过程或产品"为主体内容。在教学过程中结合现场施工中桥梁施工组织设计、施工现场管理与质量控制，以及桥梁施工新技术、新规范和验收资料归档要求，培养学生对市政桥梁工程进行施工及管理的能力。

本教材编写过程中采取开放式的教材编写模式，聘请生产一线专家直接介入教材编写工作，使本教材更具实用性和先进性。

本教材主要内容包括 2 个学习情境，下设 7 个学习任务。学习情境 1 为混凝土梁桥工程施工技术，学习情境 2 为桥梁工程目标控制与管理。学习情境 1 混凝土梁桥工程施工技术由 4 个任务组成，包括任务 1 桥梁基础工程施工、任务 2 桥梁墩台施工、任务 3 预应力混凝土梁施工、任务 4 桥面系及附属工程施工。学习情境 2 桥梁工程目标控制与管理由 3 个任务组成，包括任务 5 桥梁工程进度控制、任务 6 桥梁工程质量控制、任务 7 桥梁工程造价控制。

本教材由黑龙江建筑职业技术学院李钧教授、李宝昌副教授及东北林业大学土木工程学院国丽荣任主编，黑龙江建筑职业技术学院孙宇、李丽，以及黑龙江省龙建路桥第四工程有限公司薛文明任副主编，黑龙江省交通规划设计研究院集团有限公司冯玉祥研究员级高工为主审。本教材具体编写情况如下：学习情境 1 中任务 1、2、3、4 由李钧、李宝昌、国丽荣编写;学习情境 2 中任务 5、6 由孙宇、李丽、薛文明编写;全书由李钧进行统稿。

由于编者水平有限,书中难免存在不足之处,恳请读者批评指正!

编者

2023 年 12 月

目　　录

学习情境 1

混凝土梁桥工程施工技术

教学目标

通过教学活动,使学生掌握混凝土梁桥工程施工技术,同时培养学生良好的职业道德、自我学习能力、实践动手能力、耐心细致的管理能力、分析和处理问题的能力,以及团队合作、诚实、守信、善于沟通和吃苦耐劳的专业素养,使其能胜任混凝土梁桥工程施工技术相关工作。

能力目标

能熟练识读梁桥工程施工图。

能按照施工图设计,合理地选择混凝土梁桥施工方法,理解施工工艺。

能独立完成梁桥工程施工技术工作。

知识目标

掌握混凝土梁桥工程的基本组成。

掌握混凝土梁桥工程施工内容。

素质目标

在教学过程中,注重对学生职业道德的培养,提高学生观察问题、分析问题和判断问题的能力,培养学生团队合作精神、严谨的工作作风、实事求是的工作态度,以及诚实、守信、善于沟通合作的优良品质,使其能胜任梁桥施工技术工作。

课前可获取信息

1. 在线课"市政桥梁工程施工"(国家职业教育智慧教育平台)。

2. 施工图设计《典型工程 HX – 01 小桥施工图设计》。

3. 施工图设计《典型工程 HZ – 01 中桥施工图设计》。

任务1　桥梁基础工程施工

一、学习目标

通过教学情境,能熟练识读桥梁工程施工图;能填写基础施工资料;能收集和整理与基础施工有关的试验报告;能进行桥梁基础质量检测;能按照施工图,合理地选择桥梁基础施工方法,理解施工工艺;能进行桥梁基础施工方案编制。

二、学习情境描述

本任务以典型工程 HZ – 01 中桥桥墩一根钻孔桩基础工程施工为例,要求学生能够看懂施工图,并依据施工图,合理地选择桥梁桩基础施工方法,确定施工工艺,计算工程量,计算人材机种类、数量,研究其施工方案,编制施工技术交底方案,并能进行桥梁工程桩基础施工技术交底工作。

三、学习任务

通过教学情境,能熟练识读桥梁工程图纸,进行基础工程技术交底,桥梁基础工程施工交底任务单如表 1 – 1 所示。

表 1-1 桥梁基础工程施工交底任务单

施工班组		组长		日期	
施工任务:典型工程 HZ-01 中桥桥墩—根钻孔桩基础施工技术交底					
意见					
签章					

四、任务分组

表 1-2　学习任务分配表

班级：　　　　　　组长：　　　　　　组号：　　　　　　学号：

组员	分工
组员 1	
组员 2	
组员 3	
组员 4	
组员 5	
组员 6	
指导教师	
评语	

五、引导问题

引导问题 1：桥梁基础有哪些种类？特点都是什么？

小提示：在桥梁工程中，通常采用的基础有扩大基础、桩基础、沉井基础等。基础形式的分类如图 1-1 所示。

```
                        ┌──────────────────┐
                        │   桥梁工程基础类型   │
                        └──────────────────┘
         ┌──────────────┬──────────────┬──────────────┐
    ┌─────────┐    ┌─────────┐    ┌─────────┐    ┌─────────┐
    │ 扩大基础 │    │ 桩基础  │    │ 沉井基础 │    │ 特殊基础 │
    └─────────┘    └─────────┘    └─────────┘    └─────────┘
```

扩大基础	桩基础			沉井基础	特殊基础
机械开挖、人工开挖	灌注桩	沉入桩	埋面空心桩	不排水开挖下沉	钢管柱基础
基坑开挖	螺旋钻成孔	锤击沉桩	大直径钻孔埋面	排水开挖下沉	地下连续墙
坑壁支护	潜水钻成孔	振动沉桩		空气幕下沉	
降、排水	冲击钻成孔	静压沉桩		泥浆润滑套下沉	
围堰施工	正循环回转钻孔	射水沉桩			
基底处理	反循环回转钻孔	沉管灌注桩			
基底检验	挖孔桩				
	冲抓钻成孔				

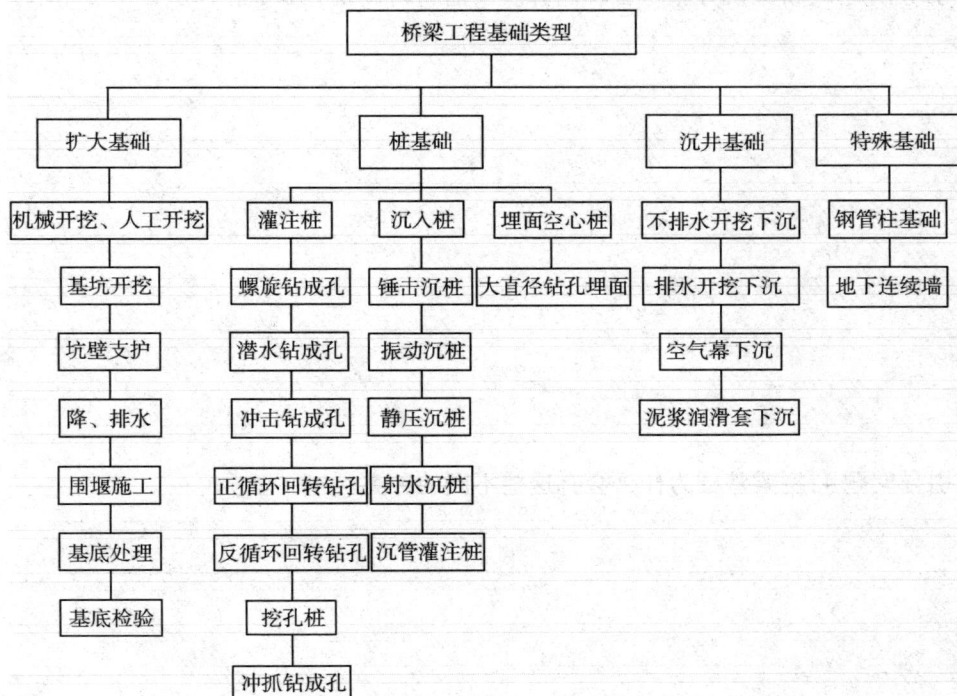

图 1 - 1　桥梁工程基础类型

　　钻孔灌注桩是指采用不同的钻孔方法,在土中形成一定直径的井孔,达到设计标高后,将钢筋骨架(笼)吊入井孔中,灌注混凝土形成的桩基础。钻孔灌注桩作为一种基础形式在桥梁工程中发挥重要作用。钻孔灌注桩属于隐蔽工程,桥梁钻孔灌注桩的施工大部分是在水下进行的,其施工过程无法观察,建成后也不能进行开挖验收,施工中任何一个环节出现问题,都将直接影响整个工程的质量和进度,甚至给投资者造成巨大的经济损失和不良的社会影响。

　　引导问题2:桥梁扩大基础施工工程内容及所需材料设备有哪些?

引导问题3：桥梁沉井施工工程内容及所需材料设备有哪些？

引导问题4：桥梁基础为什么会有这些不同的种类？

六、进行策划

由教师带领学生对桥梁钻孔灌注桩施工方法进行确定，检查施工前任务准备情况，并做好桥梁钻孔灌注桩施工工作方案（表1-3），确定施工方法，填写所需机械设备清单（表1-4）。

表1-3　桥梁钻孔灌注桩施工工作流程表

步骤	具体工作内容	负责人

表 1-4 所需机械设备清单

序号	名称	型号与规格	单位	数量	备注

主要材料进场验收:由教师和学生分别模拟施工单位和项目监理机构填写材料进场验收记录模拟表,如表 1-5 所示。

表 1-5 单个桩基础工程主要材料进场验收记录模拟表

材料品种		编号	
进场日期		规格	
进场数量		出厂批号	

验收情况

材料名称：　　　　　　　　　　　　　　材料品种：

型号：　　　　　　　　　　　　　　　　生产厂家：

出厂日期：

施工单位(组长)检查意见：

质检员：　　　　　　　　　　材料员：　　　　　　年　　月　　日

项目监理机构(教师)验收意见：

专业监理工程师(教师)：　　　　　　　　　　　　　　年　　月　　日

　　注:本表由施工单位填写,项目监理机构验收合格后,作为质量证明资料,由施工单位保存。

七、工作实施

需完成工作:典型工程 HZ – 01 中桥桥墩一根钻孔桩基础工程技术交底(包括人材机种类、数量)。

延伸任务:思考一下不同地质环境对桩基础施工设备的影响。

八、评价反馈

各组代表展示作品，介绍任务的完成过程。作品展示前准备：准备阐述材料，填写阐述项目表，并完成下列评价表——表1-6、表1-7、表1-8。

表1-6　学生自评表

评价项目	自我评价
任务是否按计划时间完成	
相关理论完成情况	
技能训练情况	
任务完成情况	
材料上交情况	
收获	

表1-7　小组互评、教师评价表

序号	评价项目	小组互评	教师评价	总评
1	任务是否按时完成			
2	材料完成上交情况			
3	作品质量			
4	语言表达能力			
5	小组成员合作面貌			
6	创新点			

表1-8　桥梁基础工程施工学习任务评价表

序号	项目	评分标准	满分	评价			综合得分
				自评	互评	师评	

九、小提示:钻孔灌注桩的施工

(一)施工准备

1.施工前的准备

根据设计图纸、地质报告、现行规范标准以及现场勘查结果,审查施工方案的编制依据、施工工艺流程、技术指标、安全措施等内容是否符合要求。

2.场地准备

(1)旱地:平整、夯实场地。
(2)浅水:筑岛。
(3)深水:围堰。

(二)埋设护筒

1.护筒的作用

固定桩孔位置,保护孔口,防止地面水流入,增加孔内水压力,防止塌孔,成孔时引导钻头的方向。

2.护筒的制作要求

(1)护筒通常采用钢筋混凝土和钢制两种,视具体情况而定。钢护筒厚4~8 mm,钢筋混凝土护筒厚8~10 cm。护筒上部设1~2个溢浆孔。
(2)护筒的内径比钻孔桩设计直径稍大。用回转钻机钻孔的宜加大20~30 cm;用冲击钻和冲抓钻钻孔的宜加大30~40 cm。
(3)护筒的埋设要求
①钻孔前,在现场放线定位,按桩位挖去桩孔表层土,并埋设护筒。
②埋设护筒可采用挖埋、锤击、振动、加压等方法。
③埋置深度一般情况为2~4 m,特殊情况应加深。
④护筒顶端高程应满足孔内水位设置高度的要求。

3.泥浆制备

(1)泥浆作用
在孔壁形成泥皮稳定孔壁,以及悬浮钻渣、润滑钻具、正循环排渣。

（2）组成及要求

①水：pH 值在 7～8 之间，不含杂质。

②黏土（或膨润土）：塑性指数大于 25，粒径小于 0.005 mm 的颗粒含量高于总量的 50%，相对密度为 1.1～1.5。

③无机添加剂：纯碱等，促使颗粒分散，防止凝聚下沉。

有机添加剂：丹宁液、栲胶液等，降低黏度。

4. 钻孔清孔

（1）钻机就位及要求

①能够承受钻具和其他辅助设备的重量，具有一定的刚度，具有足够的高度。

②钻孔过程中，成孔中心必须对准桩位中心，钻架必须保持平稳，不发生位移、倾斜和沉陷。

③钻架安装就位时，应详细测量，底座应用枕木垫实、塞紧，顶端用缆风绳固定平稳，并在钻进过程中经常检查。

（2）钻孔方法

①冲击法。

②冲抓法。

③旋转法。

（3）冲击钻孔的施工要点

邻孔混凝土达 2.5 MPa 后开钻；开始钻孔时采用小冲程；孔深为钻头高加冲程后正常冲击。

（4）全套管冲抓成孔

①能够承受钻具和其他辅助设备的重量，具有一定的刚度，具有如下特点：无噪声，无振动，不使用泥浆；挖掘时可以很直观地判别土壤及岩性特征，对于端承桩，便于现场确定桩长；挖掘速度快，挖掘深度大；成孔垂直度易于掌握；孔壁不会产生坍落现象，成孔质量高；成桩质量高；成孔直径标准，充盈系数很小；清孔彻底，速度快；自行式，便于现场移动。

②冲抓锥锥头上有一重铁块和活动抓片，通过机架和卷扬机将冲抓锥提升到一定高度，下落时松开卷筒刹车，抓片张开，锥头便自由下落，冲入土中，然后开动卷扬机提升锥头，这时抓片闭合抓土。冲抓锥整体提升至地面上卸去土渣，依次循环成孔。

③冲抓锥成孔施工过程、护筒安装要求、泥浆护壁循环等与冲击成孔施工相同。

④适用于松软土层（沙土、黏土）中冲孔，但遇到坚硬土层时宜换用冲击钻施工。

（5）正循环钻孔

①正循环钻机是用泥浆泵使泥浆以一定压力通过空心钻杆顶部，从钻杆底部喷出，底部的钻锥在旋转时将土壤搅松成为钻渣，被泥浆悬浮，随泥浆上升而溢出，流至

孔外的泥浆槽,经过沉淀池沉淀净化,再循环使用。

②特点:排渣能力比较弱,钻进速度较慢,钻具的磨损也比较大,但工艺比较简单,容易操作,正循环钻机的价格也比较便宜。

③适用:黏土、亚黏土、淤泥质土层、粉砂、卵砾石层、基岩。

(6)反循环钻孔

①反循环钻机泥浆的循环方式与正循环钻机正好相反,泥浆由孔外流入孔内,用真空泵或其他方法(如空气吸泥机等)将钻渣通过钻杆中心从钻杆顶部吸出,或将吸浆泵随同钻锥一同钻进,从孔底将钻渣吸出孔外。

②特点:反循环钻机排渣能力比较强,但工艺比较复杂,操作不当容易引起塌孔埋钻,而且反循环钻机价格比较高。

③适用:黏土、亚黏土、淤泥质土层、粉砂、卵砾石层、基岩。

(7)清孔目的

钻孔过程中会有一部分泥浆和钻渣沉于孔底,必须将这些沉积物清除干净,才能使灌注的混凝土与地层或岩层紧密结合,保证桩的承载能力。

(8)清孔方法

①抽浆清孔。

②换浆清孔。

③掏渣清孔。

5. 钢筋笼制作

注意事项:

(1)钢筋骨架一般每隔 2.0~2.5 m 设置直径 14~18 mm 的加强箍筋一道。

(2)钢筋骨架可分段制作。

(3)要确保保护层厚度。

(4)无论采用何种方法运输钢筋骨架,均不得使骨架变形。

(5)钢筋骨架可使用钻机塔架、扒杆或起吊机吊起,对准护筒中心缓慢下放至设计标高。

(6)下放钢筋骨架应防止碰撞孔壁。

(7)当最后灌注的混凝土开始初凝时,应立即割断钢筋骨架的吊环。

6. 灌注水下混凝土

(1)导管法灌注水下混凝土

①泥浆护壁成孔灌注混凝土的浇筑是在水中或泥浆中进行的,故称为浇筑水下混凝土。

②水下混凝土强度宜比设计强度提高一个强度等级,必须具备良好的和易性,配

合比应通过试验确定。

③水下混凝土浇筑常用导管法。

④浇筑时,先将导管及漏斗内灌满混凝土,其数量为一次释放时混凝土表面高程超过导管底面0.8 m以上,然后剪断悬吊隔水栓的钢丝,混凝土拌和物在自重作用下迅速排出球塞进入水中。

(2)导管法灌注水下混凝土过程

浇筑水下混凝土不能将混凝土直接倾倒于水中。因为当混凝土直接与水接触穿过水层时,骨料和水泥很快将分离,骨料很快沉入水底,而水泥在较长时间内处于悬浮状态,当其下沉时,已凝结硬化。因此,水下混凝土的浇筑,必须在与周围环境水隔离的条件下进行。

(3)导管法灌注水下混凝土要求及检测

①导管宜分段制作,每节长2 m左右,最下端一节宜为3~6 m,采用法兰连接,导管应不漏水、不漏气。在孔内水面以上20~30 cm处设置隔水栓,待混凝土灌下时,剪断隔水栓的连接绳。

②为保证水下灌注混凝土的速度和质量,导管上应使用混凝土储料斗。

③水下灌注混凝土应连续进行,严禁中途停顿。导管在混凝土中埋入深度一般为2~6 m,在任何情况下不得小于1 m或大于6 m。

④导管提升过程中,应保持位置居中,轴线垂直,逐步提升。

⑤混凝土实际灌注高度应比设计桩顶高出一定高度。高出的高度应根据桩长、地质条件和成孔工艺等因素合理确定,其最小高度不宜小于桩长的5%,且不小于2 m。

⑥在灌注接近结束时,导管混凝土柱高度减小,压力降低,导管外的泥浆稠度增加,如出现混凝土面上升困难,可在孔内加水稀释泥浆,并掏出部分沉淀土,使灌注工作顺利进行。

⑦混凝土坍落度现场监测及高程控制。

⑧根据水下混凝土浇筑标高分节拆除导管。

⑨截桩头进行桩基础检测。

十、任务小结

1.钻(挖)孔灌注桩施工(重点)。

2.排除钻(挖)孔灌注桩施工中故障(难点)。

3.钻(挖)孔灌注桩施工质量检测与质量控制操作(难点)。

十一、课后作业

1.以某市立交桥工程施工为例,桥梁桩基础共 53 根,桩长度为 40 m,桩径为 1.5 m,0#、6#桥台桩基础均为钻孔桩基础,编写钻孔灌注桩基础施工方案。

2.完成钻孔灌注桩基础施工技术交底。

十二、课程思政

思考一下基础施工对桥梁工程的重要性。

十三、桥梁桩基础施工组织案例【尔滨河特大桥】

（一）工程概况

尔滨河特大桥左幅全长为 437.84 m，右幅全长 528.44 m，桥梁平面位于直线段，纵面位于直线及与其相切的竖曲线上。桥面设置 2% 的单向横坡。主桥为预应力混凝土连续刚构桥，其中右幅桥增加了 3 孔 30 m 预应力混凝土箱梁。主桥悬臂施工段分为 4 m 和 5 m 两种，中跨合龙段长度为 2.50 m，边跨合龙段长度为 2.01 m，采用单箱单室断面，支点梁高 5.50 m，跨中梁高 2.20 m，主桥箱梁采用三向预应力结构。本桥钻孔灌注桩共 66 根，其中左线 1#墩～4#墩、右线 1#墩～7#墩桩基础设计桩径为 180 cm。桥台桩基础设计桩径为 150 cm，左线 0#、5#桥台桩基础长为 15 m，右线 8#桥台和主桥桩基础长度均为 20 m（主桥包括左线 1#墩～4#墩，右线 1#墩～5#墩），右线 6#墩、7#墩桩基础长度为 25 m。桩基础设计采用 C25 混凝土。

地质条件从上至下依次为亚黏土、强风化英安石、风化英安石、微风化英安石。根据现场场地条件及环保要求，本桥采用冲击式钻机和人工挖孔、成孔。其中 2#墩位于河道内，采用筑岛法施工，筑岛高度高于最高施工水位 0.5～1.0 m，筑岛面积根据机具大小而决定。本桥钻孔桩基础施工工期为 96 天，计划开工日期 2023 年 7 月 18 日，完工日期 2023 年 10 月 22 日。

（二）人员配备情况

该桥配备桥梁工程师 1 名。现场施工由桥梁一队具体负责。配备施工管理人员

4名,技术人员1名。测量员配备1名,试验员配备1名,质检员和安全员各配备1名。根据尔滨河特大桥桩基础的现场地质情况、工期要求、工程数量,劳动力工种配置计划见表1-9。

表1-9 劳动力工种配置计划

序号	工种	合计	桥梁一队	桥梁二队	综合一队	综合二队	综合三队
1	管理人员	13	4	3	2	2	2
2	技术人员	5	1	1	1	1	1
3	质检员	5	1	1	1	1	1
4	安全员	5	1	1	1	1	1
5	钻机司机	4	2	2	—	—	—
6	汽车吊司机	1	1	—	—	—	—
7	汽车司机	6	1	1	2	1	1
8	挖掘机司机	2	1	1	—	—	—
9	装载机司机	2	1	1	—	—	—
10	混凝土搅拌机司机	2	1	1	—	—	—
11	混凝土输送泵司机	2	1	1	—	—	—
12	混凝土输送车司机	2	1	1	—	—	—
13	发电机司机	5	1	1	1	1	1
14	张拉工	8	4	4	—	—	—
15	电工	5	1	1	1	1	1
16	电气焊工	4	2	2	—	—	—
17	钢筋工	5	1	1	1	1	1
18	混凝土工	3	1	1	—	—	—
19	木工	2	1	1	—	—	—
20	测量员	2	1	1	—	—	—
21	试验员	2	1	1	—	—	—
22	合计	85	29	27	11	9	9

（三）设备配备情况

1. 根据本工程特点，从环境保护的角度出发，根据工程数量和工期要求，为确保优质、高效按期完成任务，拟投入数量足够、类型适用、状况良好的施工机械设备。采用机械化为主的施工方案，拟投入装载机3台、挖掘机6台、泥浆泵3台、汽车吊5台、混凝土输送泵2台、混凝土输送车3辆、空压机7台、发电机4台、电焊机16台、钢筋弯曲机3台、钢筋切断机3台、钢筋调直机3台、混凝土拌和站1座等设备。目前机械设备已进入施工现场。在未经监理工程师许可的情况下，不可随意调换、撤离设备，拟投入本工程的主要机械设备见表1-10。

表1-10　主要机械设备表

序号	设备名称	数量	序号	设备名称	数量
1	挖掘机	6台	11	发电机	4台
2	自卸汽车	16辆	12	变压器	2台
3	汽车吊	5台	13	空压机	7台
4	塔吊	12台	14	钢筋弯曲机 WJ-40	3台
5	混凝土输送车	3辆	15	钢筋切断机 QJ40-1	3台
6	混凝土搅拌输送车	6辆	16	钢筋调直机 GT4-14	3台
7	混凝土输送泵	2台	17	对焊机 GQH32	3台
8	混凝土拌和站	1座	18	电焊机 BX1-315F-2	16台
9	抽水机	20台	19	泥浆泵 BW-200	3台
10	装载机	3台	20	风镐 G10	4台

2. 主要试验、检验及测量仪器和设备配备。

根据该工程的实际情况，为了对各种原材料和半成品试件进行有效的检验和试验，对施工全过程进行有效测点控制，确保工程质量，在工地设置符合甲方要求、设施齐全、仪器配套的工地实验室和测量队。

工地实验室根据工程需要，配齐各种试验仪器和设备，并按规范设置标准养护室。实验室主要负责人对各种原材料进行检验，对混凝土质量进行监督，对钻孔泥浆进行检测，对施工过程中的混凝土强度等指标进行控制，并在施工过程中负责取样、送检和部分试验工作。

测量队负责本桥的交接桩，以及复测、精测和控制，并对施工过程中施工队的测量工作进行复核控制。投入测量仪器拓普康 GTS-601 全站仪1台、经纬仪1台、水准仪

2台。整个大桥布设三角网来进行测量,每个桩基础中心放样后,按"十"字线在护筒周围埋设四个护桩,用混凝土包桩保护好,再埋设护筒,然后进行测量,复测护筒位置是否正确。

工地实验室由具有专业理论知识和实践经验的试验工程师负责,同时配备具有专业资格的试验员。工地实验室建立全面的管理制度和操作规程。试验设备和测量仪器均按计量法规进行定期校验和检定。在开工前,将工地实验室的资质,以及配备的仪器设备、全部物品清单和人员名单、资格证明报监理工程师审批,当监理工程师需要抽检试验时,各方人员应积极配合。

(四)水中围堰筑岛的施工工艺、施工方法

1. 施工工艺

水中围堰筑岛的施工工艺流程图见图1-2。

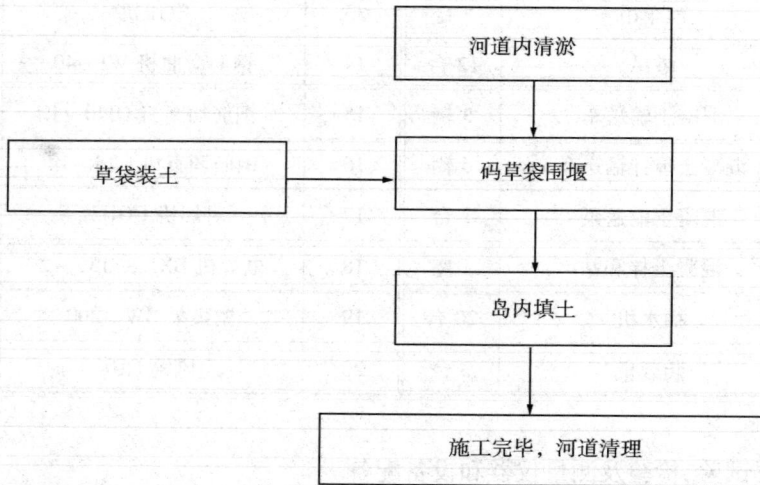

图1-2 水中围堰筑岛的施工工艺流程图

2. 施工方法

水中墩拟进行筑岛施工,为了不影响过水断面,水中墩采取两边分期筑岛施工的方法。筑岛施工前先清除淤泥,岛体填料采用附近不透水的黏土填料,利用挖掘机和自卸汽车进行填充,用小型设备夯实,岛体外侧修筑草袋或尼龙编织袋围堰。尼龙编织袋内装入松散黏性土。装填至袋容量的60%时,缝合袋口。施工时要求土袋平放,

上下左右互相错缝码整齐。水中土袋可用带钩的木杆钩送就位。将围堰内的水抽干后，载重汽车运土填筑，并压密实。筑岛面比高潮水面高出 1 m 左右，筑岛面要预留施工信道，信道与滩地施工便道相连，保证工程机械和材料到墩位。待水中桥墩施工完毕后，将河道内筑岛清理干净，保证河道畅通。

（五）钻孔灌注桩施工工艺

钻孔灌注桩施工工艺流程图见图 1－3。

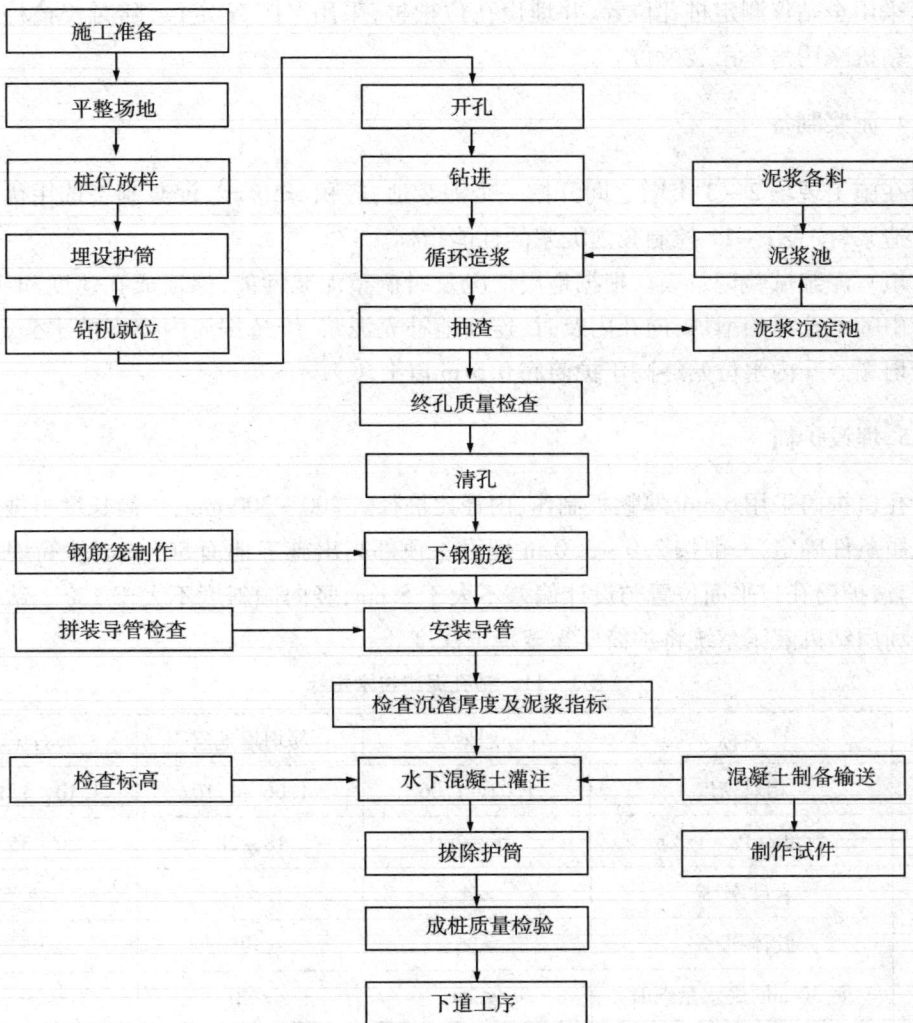

图 1－3　钻孔灌注桩施工工艺流程图

1.钻机选型

根据地质情况采用冲击钻成孔。

2.场地准备

根据施工场地情况,平整场地,清除杂草,夯打密实。

3.钻机就位

采用全站仪测定桩孔位置,并埋设孔位护桩,采用"十"字定位,随时校核桩位坐标。钻机采用吊车吊装就位。

4.泥浆制备

在施工现场2~3个墩之间开挖一个泥浆池,容积≥50 m³,泥浆制备选用优质膨润土造浆,按表1-11控制孔内泥浆的性能指标。

填写泥浆试验记录表。根据地层情况及时调整泥浆性能,保证成孔速度和质量,施工中随着孔深的增加,向孔内及时、连续地补充泥浆,维持护筒内应有的水头,防止孔壁坍塌。孔内水位始终高于护筒底0.5 m以上。

5.埋设护筒

孔口护筒采用6 mm厚钢板制作,内径比桩径大200~300 mm,护筒长度根据实际的地质条件确定,一般按2.0~3.0 m埋设。顶部高出施工地面50 cm。护筒埋设准确竖直,护筒孔口平面位置与设计偏差不大于5 cm,竖向倾斜度不大于1%。钻机定位后利用钻机液压系统将护筒压入至指定深度。

表1-11 钻孔泥浆技术指标

项目	名称	一般地层	易坍塌地层	卵石土
1	相对密度	1.02~1.06	1.06~1.10	1.10~1.15
2	黏度/(Pa·s⁻¹)	16~20	18~28	20~35
3	含砂率/%	≤4	≤4	≤4
4	胶体率/%	≥95	≥95	≥95
5	每30 min 失水量/mL	≤20	≤20	≤20
6	泥皮厚度/mm	≤3	≤3	≤3
7	静切力/(N·cm⁻²)	1.0~2.5	1.0~2.5	1.0~2.5
8	pH值	8~10	8~10	8~10

6.开孔及成孔

每个墩安排 1 台钻机施工,根据桩位布置情况从左到右进行,直至该墩桩基础施工完毕,将钻机移至下一个墩施工,相邻孔施工的间隔时间应大于 24 小时。开钻前,将钻机调平,并对准钻孔,直接向孔内投入块石与黏土(1∶1 的混合物),以钻头冲击造浆。桩基础工程分两个作业面同时进行:第一个作业面,先施工右线桩基础 2#、3#,其后为 1#、4#、0#、5#、6#、7#、8#桩基础;第二个作业面,先施工左线桩基础 2#、3#,其后 1#、4#、0#、5#桩基础。开孔时,采用 2 m 以下的小冲程,钻进过程中,在通过砂、砂砾或砂量较大的卵石层时,采用 1~2 m 的小冲程,并加大泥浆稠度,反复冲击使孔壁坚实,防止塌孔。在通过坚硬密实的岩层或卵石层时,采用 4~5 m 的大冲程,钻孔作业连续进行,不得中断。在钻进过程中,捞取渣样,注意地质层变化,判别土层,与孔位地质柱状图对照,若与设计不符,随时进行变更设计,并随时检测泥浆稠度,保证不同土层的泥浆性能指标,不符合要求应随时改正。泥浆的相对密度控制在 1.20 左右。为了满足浮渣能力要求和防止塌孔,钻孔泥浆应始终高出孔内水位或地下水位 1.0~1.5 m,并可在黏土泥浆中掺加适量的烧碱或石灰,并加大泥浆比例,增加孔内压力,以提高孔外扩、浮渣能力,确保不出现孔壁坍塌现象。为了防止污染环境,废浆应经沉淀池沉淀。在施工过程中,安排专人检查孔内泥浆水头,随着钻孔不断加深,必须随时补充泥浆,确保泥浆满孔,避免塌孔。

7.清孔及验孔

采用抽浆法清孔(二次清孔),钻孔至设计高程后,须经现场监理工程师检查孔位、孔深、孔形及孔底地质情况,经签认后,立即进行清孔工作,采用离心式吸泥泵清孔,并及时向孔内注入清水,保持孔内水头以防止塌孔。清孔须两次,沉渣厚度符合设计规范要求。第一次清孔:成孔结束后,立刻进行第一次清孔,目的是清除成孔时产生的沉渣。第二次清孔:第一次清孔后,提出钻锤,测量孔深,并抓紧时间吊放钢筋笼和混凝土导管,通过混凝土导管压入清浆,进行第二次清孔,目的是清除在安放钢筋笼及混凝土导管时产生的沉渣。清孔后,孔底沉渣满足设计及规范要求。二次清孔后,由专人测量孔深及孔底沉渣。清孔后,泥浆指标:相对密度 1.03~1.10,含砂率 <2%。验孔采用自制钢筋笼作为探孔器,桩径探孔器直径分别为 1.80 m 和 1.50 m,高 5 m,在桩径探孔器顶端中心处设吊钩,成孔后将吊钩与钻机钢丝绳联结,校正探孔器垂直度,并使探孔器中心与桩径中心重合,然后缓慢放入孔中,检查桩身垂直度和桩孔直径是否满足设计要求。

8.钢筋笼制作

钢筋笼严格按设计和规范要求制作。钢筋笼在钢筋加工厂加工制作,采用分节制作的方法,并预留一定搭接长度,然后运至施工现场。钢筋笼主筋采用双面焊缝,钢筋笼主筋连接采用闪光对焊对接,焊条采用 J506 型。主筋接头长度≥35d(d:钢筋直径),在同一截面接头不大于 50%,主筋与箍筋采用点焊连接,螺旋筋与主筋交叉处采用绑扎和点焊连接,钢筋笼每一截面上接头数量不超过 50%,钢筋笼骨架焊接前先根据设计图纸放样下料,做好焊接平台,在平台上固定加强钢筋,加强钢筋四周划出标记,标记出主筋位置,焊接主筋,然后点焊箍筋或螺旋筋。钢筋骨架的保护层,通过在螺旋筋或箍筋上穿入中心开孔厚 5 cm 的圆形 C30 水泥砂浆垫块来保证保护层的厚度,直径根据设计确定,砂浆垫块竖向每隔 2 m 设一道,每一道沿圆周布置 6 个。在制作钻孔桩钢筋笼时,注意预埋 φ12 的接地钢筋。钢筋笼制作标准见表 1 – 12。

表 1 – 12　钢筋笼制作标准

序号	项目	控制标准	检查方法	检测频率
1	钢筋骨架在承台以下长度	±100 mm	尺量	全检
2	骨架直径	±20 mm	尺量	全检
3	主筋间距	±0.5d	尺量	全检
4	加劲筋间距	±20 mm	尺量	全检
5	箍筋间距	±20 mm	尺量	全检
6	骨架垂直度	骨架长度 1%	吊线尺量	全检

钢筋笼加工好后,运至现场,必须经钢筋工班长自检,安放前,由质检工程师会同监理工程师进行验收,并当场进行隐蔽工程验收签证,未经验收的钢筋笼不得使用。钢筋笼吊放采用汽车吊整体放入孔内。钢筋笼吊放后允许的偏差要符合设计规范要求。第一节钢筋笼 12 m 放入孔内,在护筒顶用槽钢穿过加劲筋,下挂钢筋笼,并保持槽钢水平,吊放第二节钢筋笼与第一节对准后进行主筋单面电弧焊连接,保证钢筋连接质量,连接完毕后即循环下放。在钢筋笼顶端,沿钢护筒周边设置保护层垫圈,以保证钢筋笼居中。钢筋笼下到设计位置后,在孔口采用吊筋进行固定,防止灌注混凝土时钢筋笼上浮。钢筋笼安放好后,安放混凝土灌注导管。导管采用内径 300 mm 内壁光滑的钢管,底节 3 m,普通节 2 m,加配 1 m 长的调节导管。灌注混凝土用的导管在安放前要做试拼和密封试验以检查是否渗水漏水。导管安放完毕后,其轴线误差不得超过孔深的 0.5%,也不得大于 10 cm。下导管时要缓慢下放,防止碰刮钢筋笼。

钢筋加工、安装检查项目及标准如下:

(1)基本要求:钢筋、焊条品种规格和技术性能应符合国家现行标准规定和设计要求;冷拉钢筋的机械性能必须符合规范要求,钢筋平直,表面不应有裂皮、油污;受力钢筋同一截面的接头数量、搭接长度和焊接质量应符合规范要求。

（2）外观鉴定：搭接表面无铁锈、无焊渣、无砂眼，确保焊缝长度、宽度、厚度符合规范要求，钢筋骨架应保证足够的刚度。

（3）实测项目：钢筋加工及安装允许偏差应符合设计及规范要求。

导管长度根据孔深、漏斗高度等计算确定，导管底与孔底距离为 30～50 cm。对于深度 20 m 桩基础导管，采用 1 个 3 m 节和 9 个 2 m 节；对于深度 15 m 桩基础导管，采用 1 个 3 m 节、6 个 2 m 节、1 个 1 m 节；对于深度 25 m 桩基础导管，采用 1 个 3 m 节、11 个 2 m 节、1 个 1 m 节。

9. 灌注水下混凝土

清孔结束后，要尽快灌注混凝土，其间隔时间不大于 30 min，混凝土由拌和站集中供应，混凝土灌车运输。混凝土泵灌注桩基础，混凝土要一次连续浇筑完成，中途不得中断，以保证整根桩基础混凝土的均匀性。

$$V = \pi D^2 H_c / 4 + \pi d^2 h_1 / 4$$

其中，H_c——灌注首批混凝土所需孔内混凝土面至孔底的高度，取 1.3 m；

h_1——孔内混凝土面高度达到 H_c 时，导管内混凝土柱的高度；

D——桩孔直径；

d——导管直径。

经计算后确定：$V = 4$ m³（深度 20 m、直径 1.8 m 桩）；$V = 4.3$ m³（深度 25 m、直径 1.8 m 桩）；$V = 2.8$ m³（深度 15 m、直径 1.5 m 桩）。

为了保证封底后导管埋入深度不小于 1 m，首批混凝土应严格按照计算数值一次连续灌注到位，在整个过程中，导管应始终埋入混凝土中 2～6 m，导管随混凝土灌注逐步提升。灌注中，由专人负责测量混凝土顶面高度，并计算导管埋入混凝土中的深度，做好记录，以便指导是否提升导管，防止埋管过深，造成提升困难和导管拔出混凝土面而发生断桩事故。混凝土灌注高度要大于设计高度至少 50 cm，在施工承台前凿除桩头浮浆，以确保混凝土质量。灌注将近结束时，由于导管内混凝土高度减小，超压力降低，而导管外的泥浆所含渣土稠度增加，相对密度增大，会出现混凝土顶升困难的情况，可在孔内加水稀释泥浆，并掏出部分沉淀土，保证混凝土工作顺利进行，灌注时每根桩至少做两组抗压试件，以检测桩的混凝土质量。群桩施工时，跳桩间隔进行，上根桩水下混凝土灌注完成 24 小时后，方可开始下一根桩孔的施工，以防止冲击振动对新浇桩的影响。

10. 桩头清理

每根桩灌注完成后，等混凝土达到一定的强度（一般不小于 2.5 MPa），开始清理多余的且被泥浆浸泡的桩头，接近桩顶标高时，预留 20 cm 高度，必须人工慢慢凿除，如图1-4所示,防止破坏桩身混凝土。钻孔桩混凝土达到设计强度后,根据设计要求、合同文件及《公路桥涵施工技术规范》(JTG/T 3650—2020)要求,对成品桩进行超声波检测和破坏荷载检测;在施工中,如对桩的质量有疑问,可进行钻心取样检测。标定成果合格率100%,优良率95%以上。

图1-4　桩头凿除

11.钻孔桩质量控制

技术人员向施工人员及时进行技术交底,对钻头提升、钢筋笼吊装、不同的地质情况、钻机挡位和速度、混凝土浇灌时导管抽拔速度等各种影响比较大的施工操作要严格要求,同时控制泥浆、混凝土半成品、钢筋笼等材料使用,做好现场指标试验的组织和监督。粗骨料大颗粒(粒径大于5 cm)的含量<5%,砂不应太细。施工中及时测试混凝土坍落度,不符合要求不得浇灌混凝土。施工中做好各项施工记录并随时查验。

钻孔桩施工记录包括测量定位(桩位、钢筋笼、护筒位置)记录、钻孔记录、成孔测定记录、泥浆相对密度测定记录、坍落度测定记录、渣厚度记录、钢筋笼制作安装检查表、混凝土浇捣记录、导管长度预算记录等。

(六)工期计划

略。

(七)工期保证措施

略。

（八）质量目标

略。

（九）安全、环保体系及措施

略。

任务 2　桥梁墩台施工

一、学习目标

通过教学情境,能熟练识读桥梁工程施工图;能填写墩台施工资料;能收集和整理与墩台施工有关的试验报告;能进行桥梁混凝土质量检测;能按照施工图,合理地选择桥梁墩台施工方法,理解施工工艺;能进行桥梁墩台施工方案编制。桥梁墩台如图 2 - 1 所示。

二、学习情境描述

典型工程 HX - 01 小桥设计中心桩号为 K332 + 238,跨越克里河,下部结构采用肋板台,桥墩采用柱式墩,墩台基础采用扩大基础。桥台前墙、耳墙、盖梁采用 C40 混凝土;肋板、台柱采用 C35 混凝土;桥墩盖梁、墩柱采用 C40 混凝土;支座垫石采用 C40 混凝土;防撞墙及防撞护栏底座采用 C40 混凝土;搭板采用 C35 混凝土。具体设计参数见《典型工程 HX - 01 小桥施工图设计》。

三、学习任务

能按照施工图,合理地选择桥梁墩台施工方法,理解施工工艺,会进行桥梁墩台施工方案编制,施工任务单如表 2 - 1 所示,学习任务分配如表 2 - 2 所示。

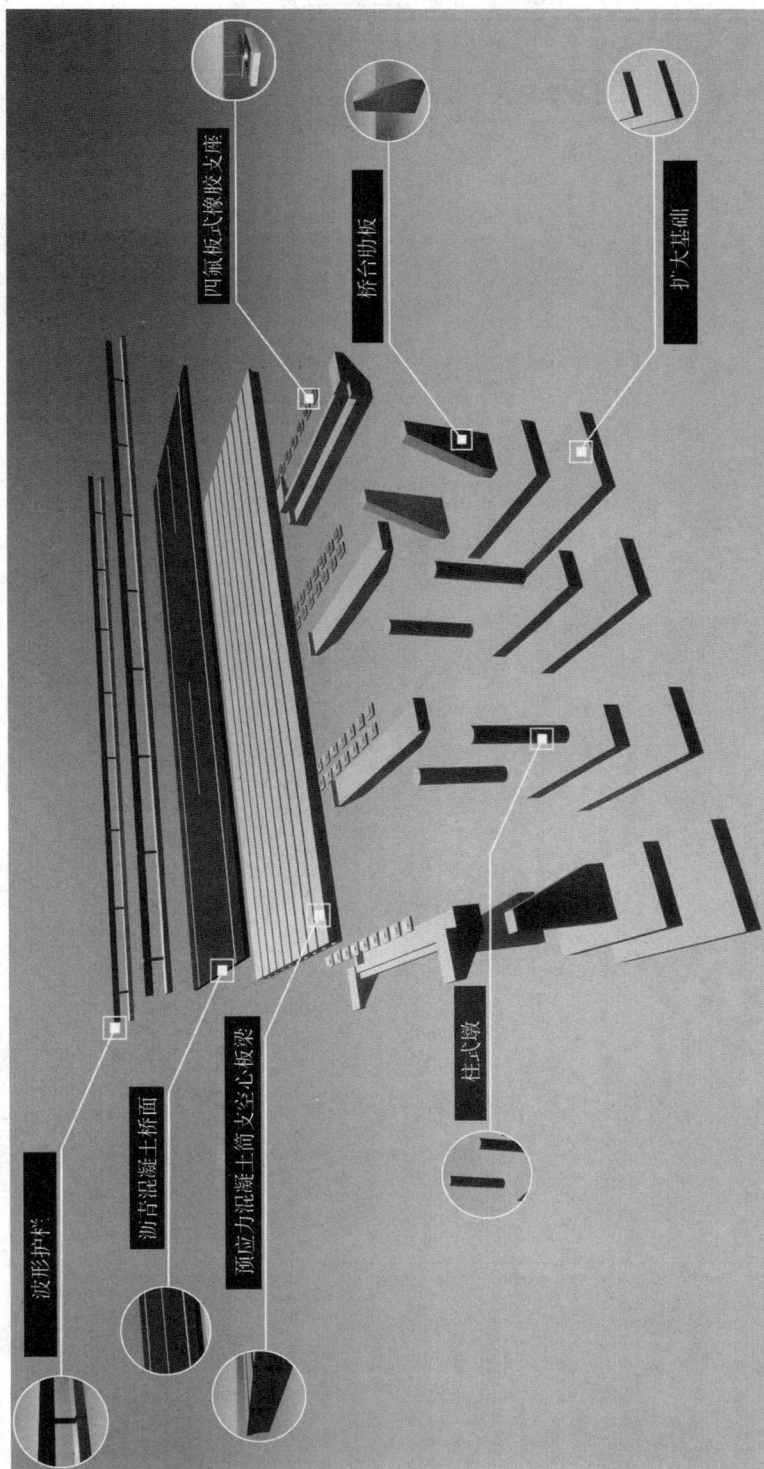

图2-1　桥梁墩台

表 2 - 1   桥梁墩台施工任务单

施工班组		组长		日期	
施工任务:典型工程 HX - 01 小桥墩台施工技术交底					
意见					
签章					

四、任务分组

表2-2　学习任务分配表

班级：　　　　　　组长：　　　　　　组号：　　　　　　学号：

组员	分工
组员1	
组员2	
组员3	
组员4	
组员5	
指导教师	
评语	

五、引导问题

引导问题1:桥梁下部工程包括哪些内容? 先后次序是什么?

引导问题2:桥梁承台施工有哪些内容？需要哪些材料？

引导问题3:桥梁墩台的形式有哪些？特点都是什么？

引导问题4:桥梁墩台台身施工有哪些内容？需要哪些材料？

引导问题 5：桥墩盖梁施工有哪些内容？需要哪些材料？

引导问题 6：桥梁支座垫石施工有哪些内容？需要哪些材料？

引导问题 7：桥梁挡块施工有哪些内容？需要哪些材料？

六、进行策划

由教师带领学生对桥梁墩台施工方法进行确定,检查施工前任务准备情况,墩台施工工序流程如表2-3所示,所需设备如表2-4所示,做好桥梁墩台施工详细计划。

七、工作实施

表2-3 墩台施工工序流程

步骤	具体工作内容	负责人

表2-4 所需设备清单

序号	名称	型号与规格	单位	数量	备注

（一）材料进场验收

由教师和学生分别模拟施工单位和项目监理机构填写材料进场验收记录模拟表,如表2-5所示。

表2-5　材料进场验收记录模拟表

材料品种		编号	
进场日期		规格	
进场数量		出厂批号	

验收情况

材料名称：　　　　　　　　　　　　　材料品种：

型号：　　　　　　　　　　　　　　　生产厂家：

出厂日期：

施工单位(组长)检查意见：

质检员：　　　　　　　　材料员：　　　　　　　年　　月　　日

项目监理机构(教师)验收意见：

专业监理工程师(教师)：　　　　　　　　　　　　年　　月　　日

注：本表由施工单位填写，项目监理机构验收合格后，作为质量证明资料，由施工单位保存。

（二）需要完成工作

典型工程 HX-01 小桥墩台施工技术交底（包括人材机种类、数量）。

延伸问题：思考一下桥梁墩台等结构材料与尺寸的变化原因。

八、评价反馈

各组代表展示作品，介绍任务的完成过程。作品展示前准备：准备阐述材料，填写阐述项目表，并完成下列评价表——表 2-6、表 2-7、表 2-8。

表 2-6　学生自评表

评价项目	自我评价
任务是否按计划时间完成	
相关理论完成情况	
技能训练情况	
任务完成情况	
材料上交情况	
收获	

表 2 – 7　小组互评、教师评价表

序号	评价项目	小组互评	教师评价	总评
1	任务是否按时完成			
2	材料完成上交情况			
3	作品质量			
4	语言表达能力			
5	小组成员合作面貌			
6	创新点			

表 2 – 8　桥梁墩台施工学习任务评价表

序号	项目	评分标准	满分	评价			综合得分
				自评	互评	师评	

延伸任务:按照以上过程完成典型工程 HZ – 01 中桥一侧桥台施工技术方案。

九、桥梁墩台施工方案编制案例【尔滨河特大桥下部结构施工方案】

（一）工程概况

尔滨河特大桥左幅全长为 437.84 m,右幅全长 528.44 m,桥梁平面位于直线段,纵面位于直线及与其相切的竖曲线上。桥面设置 2% 的单向横坡。

尔滨河特大桥承台共计 9 个,尺寸均为 12 m×7.5 m×3 m,混凝土设计为 C30。墩身高度在 26~62 m 之间,其中右线 2#墩最高为 62 m。墩身形式除右线 6#墩、7#墩为柱式墩外,其余均为薄壁空心墩,薄壁空心墩共计 9 个,其截面尺寸为 6 m×4.5 m和 6 m×3.5 m 两种。薄壁空心墩混凝土灌注分三部分:墩底 2 m 采用 C30 混凝土,主梁以下 2 m 段采用 C50 混凝土,其余部分为 C40 混凝土。每个墩身沿高度方向每15 m 设置一道横隔板,墩身通气孔沿墩身每 10 m 布 1 圈,1 圈 8 个,待 0#、1#块养护完成,排完养护水后把标高设计在水位线以下的通气孔全部堵死。

盖梁共计 7 个,其中右线 5#墩台盖梁平面尺寸为 11.25 m×1.5 m,6#墩台盖梁、7#墩台盖梁平面尺寸为 11.25 m×1.9 m,左线 0#墩台盖梁和 5#墩台盖梁、右线 0#墩台盖梁平面尺寸为13.1 m×2.1 m,右线 8#墩台盖梁平面尺寸为 13.1 m×1.6 m,墩台盖梁均采用 C30 混凝土。

（二）人员配备情况

该桥配备桥梁工程师 1 名,现场施工由桥梁一队与综合队具体负责。施工负责人2 名,技术负责人 1 名。测量员配备 3 名,试验员配备 3 名,质检员和安全员各配备 2名。根据尔滨河特大桥下部构造的现场地质情况、工期要求、工程数量,计划投入熟练工人 158 名,普通工人 100 名,现场管理人员 15 名。

（三）设备配备情况

1. 根据本工程特点,从环境保护的角度出发,根据工程数量和工期要求,为确保优质、高效按期完成任务,拟投入数量足够、类型适用、状况良好的施工机械设备。采用机械化为主的施工方案,拟投入挖掘机 1 台、塔吊 4 台、振捣机 20 台、轮胎式起重机 1台、混凝土输送泵 2 台、混凝土搅拌输送车 2 辆、发电机 1 台、电焊机 8 台、钢筋切断机3 台、钢筋弯曲机 3 台、拌和站 1 座。目前机械设备已进入施工现场。在未经监理工程师许可的情况下,不可随意调换、撤离拟投入本工程的主要机械设备。

2. 主要试验检验及测量仪器设备配备。

根据该工程的实际情况,为了对各种原材料和半成品试件进行有效的检验和试验,对施工全过程进行有效测点控制,确保工程质量,在工地设置符合甲方要求、设施齐全、仪器配套的工地实验室和测量队。工地实验室根据工程需要,配备、配齐各种试验仪器和设备,并按规范设置标准养护室。实验室主要负责人对各种原材料进行检验,对混凝土质量进行监督,对施工工程中的混凝土强度等指标进行控制,并在施工过程中负责取样、送检和部分试验工作。测量队负责本桥的复测、精测和控制,并对施工过程中施工队的测量工作进行复核控制。投入测量仪器拓普康 GTS-601 全站仪 1 台、经纬仪 1 台、水准仪 2 台。整个大桥布设三角网进行测量。

工地实验室由具有专业理论知识和实践经验的试验工程师负责,同时配备具有专业资格的试验员。工地实验室建立全面的管理制度和操作规程。试验设备和测量仪器均按计量法规进行定期校验和检定。

（四）承台施工方案

1. 承台施工工艺

详见承台施工工艺流程图(图 2-2)。

2. 基坑开挖

用挖掘机粗略整平场地,水准仪测量地面标高 H_A(承台底设计标高为 H_B)。根据基坑为砂类土的土质情况,基坑坡度设定为 1:1.5。基坑底部开挖尺寸按承台尺寸每边多出 1 m,以便设排水沟、集水井。基坑开挖长为 $(H_A - H_B) \times 1.5 + 14$,宽为 $(H_A - H_B) \times 1.5 + 9.5$。采用全站仪精确定出承台四个角的桩位,并且沿四个角洒出白灰线,用挖掘机进行开挖,人工配合修整边坡。当挖至距承台底设计标高 30 cm 时,应停止机械开挖,采用人工清底,基坑底标高误差控制在 50 mm 之内。基坑四周挖设40 cm×40 cm 排水沟和 80 cm×80 cm×80 cm 集水井。备足抽水机,及时将基坑内积水排除。在基坑周围做好挡水小坝和开挖排水沟,防止地表水流入基坑。

基坑土方一部分留作基坑回填,其余部分直接用自卸汽车运走。待挖至承台底设计标高后,用 C20 混凝土进行基底处理,再用全站仪进行第二次精确定位,用墨线弹出轮廓线,以便绑扎钢筋和支立承台模板。

```
                    ┌─────────────────────┐
                    │ 测量基坑平面位置/标高 │
                    └──────────┬──────────┘
                               │
        ┌──────────┐  ┌────────▼────────┐  ┌───────────────────┐
                      │    基坑开挖    │◄─┤ 有水时设集水井抽排水 │
        └──────────┘  └────────┬────────┘  └───────────────────┘
                               │
                      ┌────────▼────────┐
                      │    凿除桩头    │
                      └────────┬────────┘
                               │
                      ┌────────▼────────┐
                      │   桩基础检测   │
                      └────────┬────────┘
                               │
                      ┌────────▼────────┐
                      │    基底处理    │
                      └────────┬────────┘
                               │
                      ┌────────▼────────┐
                      │    绑扎钢筋    │
                      └────────┬────────┘
                               │
                      ┌────────▼────────┐
                      │    安装模板    │
                      └────────┬────────┘
                               │
                      ┌────────▼────────┐
                      │   混凝土浇筑   │
                      └────────┬────────┘
                               │
  ┌───────────────┐   ┌────────▼────────┐   ┌───────────────┐
  │ 混凝土拌制/运输 │──►│ 与墩台台身接缝处理 │◄──│  制作混凝土试件 │
  └───────────────┘   └────────┬────────┘   └───────────────┘
                               │
                      ┌────────▼────────┐
                      │   混凝土养护   │
                      └────────┬────────┘
                               │
                      ┌────────▼────────┐
                      │    基坑回填    │
                      └─────────────────┘
```

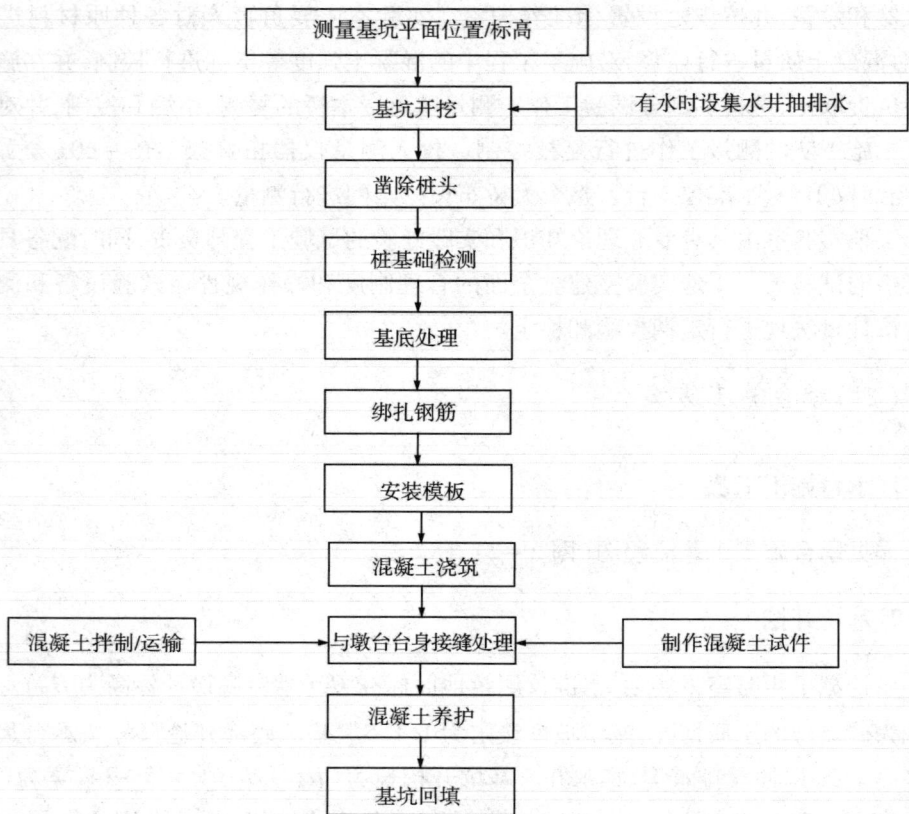

图 2-2　承台施工工艺流程图

3.桩头凿除及桩身检测

每根桩浇筑完成后,待混凝土达到一定强度(一般不小于 2.5 MPa),挖出桩头,按承台底设计标高向上量 150 mm,用红油漆画出凿除位置,先用冲击钻凿除上部,下部由人工慢慢凿除(防止破坏桩身混凝土),以确保桩头高度。桩身混凝土达到设计强度后,根据设计要求、合同文件和《公路桥涵施工技术规范》(JTG/T 3650—2020)规范要求,对成品桩进行超声波检测和小应变检测。检测合格后才允许进行下一道工序施工。

4.钢筋绑扎

(1)底部钢筋网绑扎

按设计图纸所标出的底层钢筋的间距和根数,用墨线在硬化后的基坑底面上弹出,按照墨线摆放、绑扎底层钢筋网。在钢筋网底部安放与承台混凝土同级别的混凝土垫块(厚度为底层钢筋保护层厚度)以保证保护层厚度。如遇主筋与钻孔桩主筋相互干扰,适当调整主筋位置。底部第一层钢筋网与第二层钢筋网之间的距离用马凳来控制,马凳制作高度为两层钢筋网的高度。

(2)上部钢筋网的绑扎

制作专门用于摆放绑扎上部钢筋网的扣件式架子,立杆底端支立在硬化后的基坑底面上,支架高度为 2.87 m,支架的搭设要符合《公路桥涵施工技术规范》(JTG/T 3650—2020)要求,在支架横杆上吊铅垂线定出承台中心轴线,按设计图纸摆放和绑扎上部钢筋网。

(3)支立钢筋和水平钢筋安装

按照从内向外、由下至上的顺序逐根安装到位,避免错位;若采用点焊固定时,不得烧伤主筋;钢筋外侧安放与构件混凝土同级别的混凝土垫块以确保保护层厚度满足要求。

安装成型的钢筋应做到整体性好,几何尺寸、平面位置、高程均须符合《公路桥涵施工技术规范》(JTG/T 3650—2020)要求。

5. 模板支立

承台模板采用组合钢模板。计划投入一套承台模板,其中 1.50 m × 1.40 m 52 块,1.50 m × 0.40 m × 0.25 m 8 块,面板为 6 mm 厚钢板。模板接缝采用 U 形卡连接,模板固定采用 10 号槽钢横竖带(横向间距 0.5 m,竖向间距 0.8 m)和套管拉筋固定。拉筋采用 $\varphi16$ 圆钢,其层间距为 0.5 m,排间距为 0.3 m。模板接缝采用橡胶带止浆,板面用 802 胶贴 PVC 片,按测量放样点的位置,弹出承台的边线,模板按所弹出的边线支立固定,做到一次安装到位。模板缝应符合设计线型:有规则,水平和竖直线条一直贯穿整个承台。

6. 混凝土施工

混凝土由拌和站集中供应,混凝土搅拌输送车输送。混凝土水平分层浇筑,每层厚度控制在 30 cm 之内,插入式振捣器捣固,由专人负责振捣,振捣器移动间距不超过作用半径 1.5 倍,与侧模保持 5 ~ 10 cm 距离,每振动一处完毕后,应边振动边徐徐提出振动棒,避免接触模板及钢筋。混凝土浇筑过程中,设专人随时检查钢筋和模板的稳固性,发现问题及时处理。对于每一振动部位,必须振动到该部位密实为止,密实标志是混凝土停止下沉,不再冒气泡,表面平坦,泛浆。在施工过程中派专人检测混凝土的坍落度,不符合要求的退回。混凝土浇筑到设计高度后,人工抹平表面。混凝土浇筑完毕后及时进行养护,在混凝土表面覆盖草袋,浇水养护,待混凝土达到设计要求强度后,方可拆除模板。

基坑回填采用原土或不透水土进行回填,顶部采用 3∶7 灰土夯填封闭。在部分基础周围设防水板,防水板入土深度不小于 1.0 m。

7. 墩身施工方案

(1)薄壁空心墩施工

①工艺流程

墩身施工工艺流程图详见图 2-3。

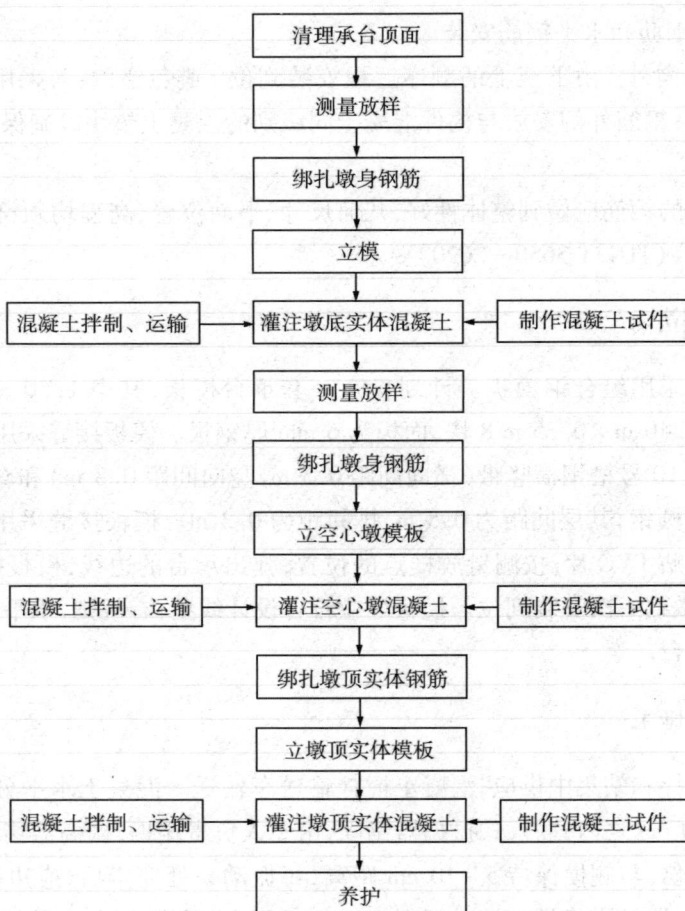

图 2-3 墩身施工工艺流程图

②测量放样

用水准仪检查承台顶面立模处标高及平整度,用 M20 砂浆充分整平,为立模做好准备工作。用全站仪在承台顶面进行墩柱轮廓线精确放样,按所放点弹出墨线,并在外侧做辅助点,以供检查模板位置及垂直度之用。

③钢筋绑扎

墩柱伸入承台以下的主筋应与承台钢筋一同绑扎,承台以上可先进行部分绑扎,形成骨架便于定位,剩余的在承台混凝土浇筑完成后绑扎,钢筋在钢筋加工厂集中加工,墩身钢筋竖向连接采用电渣压力焊焊接。墩身箍筋安装按设计图纸所标示的箍筋的间距、数量用石笔标示在主筋上,然后按所标示的位置进行箍筋安装绑扎,最后安装其他钢筋,钢筋外侧绑扎混凝土垫块,采用梅花状布置,以确保主筋的保护层厚度,混凝土垫块标号同墩身混凝土,垫块厚度同钢筋保护层厚度。

④支架搭设

为便于钢筋绑扎、模板支立和拆除,在墩柱周围用 $\varphi50$ mm 钢管搭设脚手架,墩柱每边搭设 4 排脚手架,并用揽风绳和斜撑支撑牢固,基地夯实并做好排水。立于地面上的立杆底部加设宽度不小于 20 cm、厚度不小于 10 cm 的垫木。每根立杆的支垫面积不小于 $0.6 m^2$。设置足够数量的抛撑、剪刀撑、斜撑,每排设置一组双向剪刀撑,斜杆与地面夹角为 45°至 60°,剪刀撑必须用扣件与立杆相连接。扣件的扭紧力矩符合规范要求,脚手板的铺设要符合规范,确保安全。支架外挂设安全网,支架上搭设步行板便于施工人员上下。

⑤模板的支立

A.墩身模板的构造

计划投入墩身模板 4 套,共 12 节。本桥墩柱为薄壁空心墩及圆柱墩,薄壁空心墩断面尺寸为 6 m×4.5 m 和 6 m×3.5 m。其中,右线 5#墩墩身断面尺寸为 6 m×3.5 m,其余薄壁空心墩均为 6 m×4.5 m。根据墩身断面尺寸分别制作不同尺寸的模板,每节模板高度为 2.5 m,每节分 8 块(2 个 A 块和 2 个 C 块及 4 个 B 块),A 块与 B 块连接,B 块与 C 块连接,通过两片角钢垫压胶条栓接实现;A 块与 A 块,C 块与 C 块通过拉杆固定,围带在模板四角分开。施工中利用焊接在围带两端上的角钢进行栓接。节与节之间通过角钢垫压胶条栓接。面板采用 $\delta=6$ mm 的钢板,面板竖向加劲肋采用 10 号槽钢,间距 35 cm 布置;围带采用 12 号槽钢,间距 90 cm 布置。每节模板上围带共设置 3 道。

B.模板支立

钢筋骨架完成以后,进行施工缝处理,墩柱轮廓线以内的承台面必须凿毛,并用水冲洗,然后用吊车支立第一节、第二节、第三节柱模。模板支立牢固后用砂浆填实模板下口缝隙,以防漏浆。用水准仪精确测量顶部高程,并且垂球校核墩柱的中心位置偏差,以及模板的垂直度是否满足《公路桥涵施工技术规范》(JTG/T 3650—2020)。最下面一节钢模的下端设一钢柱箍,主要作用是固定钢模的位置及调整垂直度。底箍必须用射钉枪或混凝土钉固定在地面上,可按柱箍孔洞射钉。上箍及柱中间箍设三根 8 mm 的钢丝绳拉条,成 120°水平角,并用花篮螺栓调整柱模垂直度,待混凝土浇筑完毕后,拆除下面两节模板,保留上面一节模板,支立已拆除的两节模板于留置的一节模板上。实现"三节两循环模板支立法"。下面一节模板支承采用 $\varphi 50$ mm 钢管,沿墩身四周搭设一排扣件式脚手架,每根钢管底端支立在 20 cm × 20 cm 钢板上,顶端焊接 15 cm × 15 cm 钢板,钢板厚度均为 5 mm,扣件式螺栓的扭紧力满足规范要求,搭设足够数量的剪刀撑、斜撑,钢管纵向间距为 50 cm,横向间距为 60 cm,横杆间距为 1 m。

支架稳定性计算:3 节模板质量 6.7 t × 3 = 20.1 t。考虑到浇筑混凝土时操作员、各种脚手架、振捣机械的重量以及倾注混凝土的冲击力等,一般经验值为混凝土质量的 120% 左右,即 20.1 t × 1.2 = 24.12 t。

钢管共计 38 排,每根钢管支承质量为 24.12 t/38 ≈ 0.6 t。每根钢管能支承质量 2 t,0.6 t < 2 t。

⑥内模施工

内模面板采用 18 mm 木胶板。在面板上涂刷脱模剂。面板接缝采用胶带纸密封,确保接缝不漏浆。内模架支于临时立柱上,内模架由木板和 10 cm × 10 cm 方木组成,内模架每隔 0.5 m 布设一组。内模临时立柱支承在底部预制块上。内模面板每节高度为 2.5 m。内模制作严格按照《公路桥涵施工技术规范》(JTG/T 3650—2020)有关要求进行。在墩身钢筋安装完成后,人工配合吊车或塔吊完成内模组拼,内模安装及组拼要求位置准确,平整度及接缝符合相关施工技术规范,内模之间采用耙钉连接。拆除时敲掉耙钉,拆除内模。

⑦混凝土浇筑

混凝土采用拌和站集中供应,混凝土搅拌运输车输送,混凝土输送泵泵送,水平分层浇筑,每层厚度控制在 30 cm 之内,插入式振捣器捣固,由专人负责振捣,振捣器移动间距不超过振捣器作用半径 1.5 倍,与模板保持 5 ~ 10 cm 距离,每振捣一处完毕后,应边振动边徐徐提出振动棒,避免接触模板及钢筋。混凝土浇筑过程中,设专人随时检查钢筋和模板的稳固性,发现问题及时处理。对每一振动部位,必须振动到该部位密实为止。密实标志是混凝土停止下沉,不再冒气泡,表面平坦,泛浆。在施工过程中派专人检测混凝土的坍落度,不符合要求的退回。混凝土浇筑到设计高度后,人工抹平表面。混凝土浇筑完毕后及时进行养护,在混凝土表面覆盖草袋,浇水养护,待混凝土达到设计要求强度后,方可拆除模板。

⑧模板拆除

混凝土浇筑完成后,拆除模板按《公路桥涵施工技术规范》(JTG/T 3650—2020)执行。拆模时先拆除拉杆,然后按照由上到下的顺序沿开口处逐渐剥离,严禁用撬杆等尖硬工具硬撬。模板拆除后,及时清理干净,分类堆放。内模拆除时,首先解除内模架之间的斜撑,拆除临时立柱下的木楔,使顶模脱膜,拆模时用力适当,单块传递。拆除后立即清洗干净,涂油,按规格分类堆放整齐。

⑨混凝土养护

结构混凝土表面水分蒸发量大,易产生收缩裂缝、温差裂缝,因此混凝土的初期养护十分重要,混凝土的养护由专人负责。对拆模后的墩柱立即进行浇水养护,并用塑料布覆盖,养护期最少保持14 d。

（2）双柱墩施工

右线引桥双柱墩共4个。其中,6#墩柱高度为10 m、24 m,7#墩柱高度为3 m、10 m。高度为24 m的墩柱,分两次浇筑成型,其余墩柱一次浇筑成型。计划投入模板3套:3 m节2套,1 m节1套,施工时按薄壁空心墩施工方法施工。

（五）盖梁施工方案

1. 柱式墩盖梁

施工工艺流程图如图2-4所示。

（1）支架施工

①场地硬化

为保证碗扣式脚手架的稳定性和支撑稳固,支架下均采用混凝土进行硬化。基底采用机械夯实,确保基底密实。场地硬化采用C15混凝土,硬化层厚10 cm。

②支架选择

根据工程特点,选用操作简便、安装速度快、劳动强度低、功能多且综合承载力强的WDJ碗扣脚手架作为支撑材料。

③支架设计及计算

支架的荷载考虑到模板与全部混凝土、钢材的重量,支架与浇筑混凝土时的操作人员、各种振捣机械的重量,以及倾注混凝土的冲击力等,其一般经验值约为混凝土盖梁的120%左右。为保证施工安全,应在混凝土浇筑施工前进行支架预压试验,即在支架搭设完工后,用120%盖梁重量的沙袋或钢筋杆件等物体采用堆载法均布荷载压于支架上,并设观测点进行观测。荷载的持荷时间不少于三昼夜,一方面使耐力达到浇筑混凝土后的承压要求,另一方面可减少或消除支架的构造变形,以保证盖梁在浇筑后不发生计算外的挠度变形。

```
┌─────────────┐
│  测量定位   │
└─────────────┘
       │
       ▼
┌─────────────┐
│  搭设支架   │
└─────────────┘
       │
       ▼
┌─────────────┐
│  支立底模   │
└─────────────┘
       │
       ▼
┌─────────────┐        ┌─────────────┐
│  钢筋下料   │───────▶│  绑扎钢筋   │
└─────────────┘        └─────────────┘
                             │
                             ▼
                       ┌─────────────┐
                       │  检查验收   │
                       └─────────────┘
                             │
                             ▼
                       ┌─────────────┐
                       │  支立侧模   │
                       └─────────────┘
                             │
                             ▼
                       ┌─────────────┐        ┌─────────────┐
                       │  浇混凝土   │───────▶│  制作试件   │
                       └─────────────┘        └─────────────┘
                             │                      │
                             ▼                      ▼
                       ┌─────────────┐        ┌─────────────┐
                       │   养护      │        │   养护      │
                       └─────────────┘        └─────────────┘
                                                     │
                                                     ▼
                                               ┌─────────────┐
                                               │   标定      │
                                               └─────────────┘
```

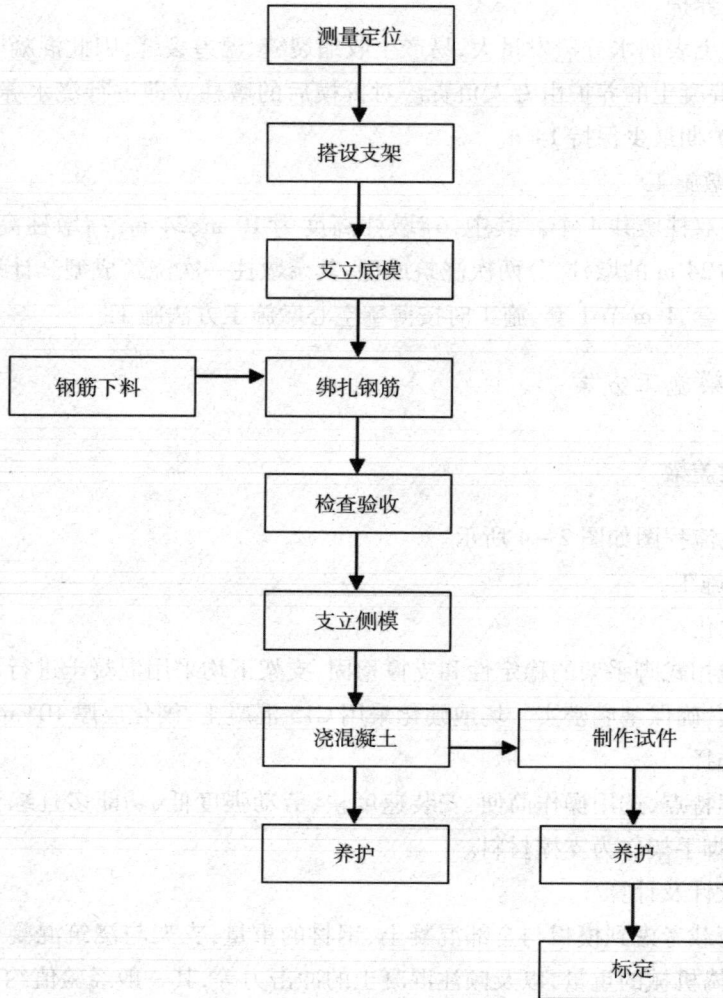

图 2 - 4　盖梁施工工艺流程图

支架设计:纵向步距采用 4 × 0.9 m,横向步距采用 15 × 0.9 m,如图 2 - 5 所示。

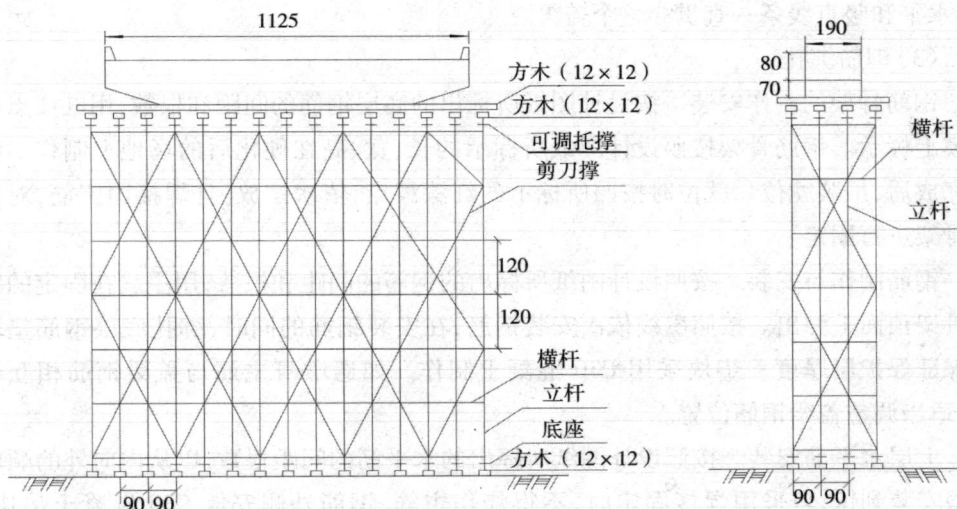

图 2 – 5　支架设计

支架安全性计算：

盖梁混凝土质量：

$$30.2 \ \text{m}^3 \times 2.6 \ \text{t/m}^3 = 78.52 \ \text{t}$$

支架上总质量：

$$78.52 \ \text{t} \times 120\% = 94.224 \ \text{t}$$

碗扣式脚手支架共计：

$$15 \times 4 \ \text{排} = 60 \ \text{排}$$

每根立杆上承受质量：

$$94.224 \ \text{t/60} = 1.5704 \ \text{t} < 2.7 \ \text{t}$$

④立杆高度的确定

首先,根据地面的高差,将杆件分为若干拼装方块进行搭设,拼装方块立杆高度的确定:底模厚度 h_1 + 12 cm 方木 + 12 cm 方木 + 0 ~ 40 cm 上托量 + h_2 立杆 + 0 ~ 40 cm 下托量 + 12 cm 方木。

对于盖梁的横向坡度,利用上托量来调整。

（2）模板支立

盖梁模板采用组合钢模板。计划投入一套盖梁模板,面板为 6 mm 厚板,模板接缝采用 U 形卡,模板固定采用 12 号槽钢横竖带（横向间距 0.5 m,竖向间距 0.8 m）和套管拉筋固定。拉筋采用 φ16 mm 圆钢,其层间距为 0.5 m,排间距为 0.3 m。模板接缝采用橡胶带止浆,板面用 802 胶贴 PVC 片,按测量放样点的位置,弹出盖梁的边线,模板按所弹出的边线支立固定,做到一次安装到位。模板接缝应符合设计线型:有规则,水平和竖直线条一直贯穿整个盖梁。

(3)钢筋绑扎

钢筋骨架的制作安装。按设计图纸所标出的底层钢筋的间距和根数,用红漆点在底模上标示。钢筋骨架按照设计图纸所标示的长、宽、高在硬化后的场地上制作。制作完成后,吊装就位。就位时按照所标示的红漆漆点,依次摆放,且焊接固定筋,对钢筋骨架进行固定。

钢筋制作与安装。按照设计图纸所标出的钢筋的间距和根数,用墨线在固定的钢筋骨架顶面上弹出。按照墨线依次安装钢筋,在安装钢筋的同时,绑扎底层钢筋垫块以保证保护层厚度。垫块采用 C30 混凝土制作。如遇墩身主筋与盖梁钢筋相互干扰,适当调整盖梁钢筋位置。

上层水平筋安装。按照设计图纸所标出的水平筋的间距根数,以从内向外的顺序逐根安装到位,若采用焊接固定时,不得烧伤主筋,钢筋外侧安放 C30 混凝土垫块。安装成型的盖梁钢筋应做到整体性好,几何尺寸、平面位置、高程均符合《公路桥涵施工技术规范》(JTG/T 3650—2020)的要求。

(4)混凝土施工

混凝土由拌和站集中供应,并由混凝土搅拌输送车运送,然后由混凝土输送泵泵送。

2.柱式台盖梁

柱式台盖梁底模采用胎模(即混凝土垫层,用 C15 混凝土浇筑,厚度为 10 cm),其余同柱式墩盖梁。

（六）质量保证措施

1.混凝土质量保证措施

混凝土由拌和站集中拌和,用"双掺"技术,确保混凝土强度及和易性,混凝土搅拌及振捣严格按规定程序进行,防止出现漏捣。

2.模板质量保证措施

(1)模板要经过结构设计,保证有足够的强度和刚度,并要装拆方便。

(2)加工钢模板要严格按规范施工,实行三级程序验收。

(3)钢模板统一调拨,安装时要涂脱模剂,加贴封缝胶带,并注意控制高差、平整度、位置、尺寸、垂直度等。

(4)拆卸模板,应按规定顺序拆除,小心轻放,决不允许猛敲猛打,并将配件收齐规范堆放。

3. 钢筋质量保证措施

（1）钢筋采购：必须要有出厂质量保证书，没有出厂质量保证书的钢筋不能采购；对使用的钢筋，严格规定取样试验合格后方能使用。

（2）钢筋焊接：操作人员必须持证上岗；焊条采用 J506 型或 J502 型，而且要经过试验，合格后才能正式使用；在一批焊件中，进行随机抽样检查，并加强焊接作业质量的监督考核。

（3）钢筋配料卡必须经过技术主管审核后才能下料，下料成型的钢筋应按图纸编号顺序挂牌，整齐堆放。钢筋的堆放场地要采取防锈措施。专人负责钢筋保护层垫块的制作，其混凝土标号同所浇构件混凝土标号，要确保垫块规格齐全，数量充足，并达到足够的强度，垫块的安放要均匀。

（4）钢筋绑扎完毕要经过监理工程师验收合格后方可浇筑混凝土，在混凝土浇筑过程中，必须派钢筋工值班，以便处理施工过程中发生的钢筋及预埋钢筋移位等问题。

（七）下部结构混凝土施工注意事项

1. 所有混凝土材料必须合格。砂和石要做筛分试验，必须符合级配要求；水泥必须做强度安定性试验。

2. 通过设计和试验配制的混凝土要满足施工所需的和易性、强度和连黏性。混凝土施工中严格控制水泥用量，防止混凝土水化热过高而引起开裂。

3. 浇筑混凝土前将模板内杂物和钢筋上的油污要清理干净。模板要涂脱模剂，并对模板适当洒水润湿，经监理工程师检查合格后，方可浇筑混凝土。按水平分层方法一次性浇筑完成。

4. 浇筑过程中，须派有经验的混凝土工负责振捣。采用插入式振捣器振捣，振捣器移动间距不超过其作用半径的 1.5 倍，与侧模应保持 5~10 cm 的间距，插入下层混凝土 5 cm 左右，每处振捣完毕，慢慢提出振动棒，避免产生气泡及碰撞模板与钢筋。

5. 混凝土浇筑完成后及时进行洒水养护以保证混凝土质量。

任务3　预应力混凝土梁施工

一、学习目标

通过教学情境,能熟练识读桥梁工程施工图;能按照施工图,合理地选择桥梁施工方法,理解施工工艺,能编制预应力混凝土梁施工方案。

二、学习情境

典型工程 HX-01 小桥设计中心桩号为 K332+238,跨越克里河,上部结构采用预应力混凝土(后张法)简支空心板,桥面连续。上部空心板、铰缝均采用 C50 混凝土,空心板封端采用 C40 混凝土。预应力钢材:采用抗拉强度标准值 f_{pk} = 1860 MPa、公称直径 d = 15.2 mm 的低松弛高强度钢绞线,其力学性能指标应符合《预应力混凝土用钢绞线》(GB/T 5224—201D)的规定。采用 15-3 型、15-4 型和 15-5 型系列锚具及其配件。预应力管道采用塑料波纹管。

三、学习任务

通过教学情境,能熟练识读桥梁工程施工图;能填写梁板施工资料;收集和整理与梁板施工有关的试验报告;进行桥梁混凝土质量检测;能按照施工图,合理地选择桥梁梁板施工方法;理解施工工艺,会进行桥梁梁板工程施工方案编制。工程施工任务单如表3-1所示。

表 3 - 1　桥梁梁板工程施工任务单

施工班组		组长		日期	
施工任务:典型工程 HX - 01 小桥梁板工程施工技术交底					
意见					
签章					

四、任务分组

表 3 - 2　学习任务分配表

班级：　　　　　组长：　　　　　组号：　　　　　学号：

组员	分工
组员 1	
组员 2	
组员 3	
组员 4	
组员 5	
组员 6	
指导教师	
评语	

小提示

桥梁的梁板结构由于抗压、抗折的要求，一般采用预应力混凝土结构。

预应力混凝土是预应力钢筋混凝土的简称，其在桥梁工程施工中得到了广泛应用。普通钢筋混凝土在正常使用条件下受拉区混凝土开裂，导致构件的刚度变小、挠度增大。若要使混凝土不开裂，受拉钢筋的应力只能达到 30 MPa；对允许出现裂缝的构件，当裂缝宽度限制在 0.2 ~ 0.3 mm 时，受拉钢筋的应力也只能达到 200 MPa 左右。为了克服普通钢筋混凝土过早出现裂缝和钢筋不能充分发挥作用这一矛盾，采用对混凝土施加预应力的方法，即在结构或构件受拉区，通过对钢筋进行张拉将钢筋的回弹力施加给混凝土，使混凝土受到一个预压应力，产生一定的压缩变形。当该构件受力后，受拉区混凝土产生拉伸变形，首先与压缩变形抵消，然后随着外力的增加，受拉区混凝土才逐渐被拉伸，明显推迟了裂缝出现的时间。

五、引导问题

引导问题 1：桥梁梁板施工有哪些种类？

引导问题 2：预应力先张法施工工艺是什么？

引导问题 3：预应力后张法施工工艺是什么？

引导问题 4：梁板现浇施工的工艺是什么？

六、进行策划

由教师带领学生对桥梁梁板施工方法进行确定，检查施工前任务准备，确定施工的施工方法，做好桥梁梁板施工方案，如表 3 - 3 所示，所需设备如表 3 - 4 所示，并做好桥梁梁板施工详细计划。

表 3 - 3　梁板施工方案工作表

步骤	具体工作内容	负责人

表 3 - 4　所需机械设备清单

序号	名称	型号与规格	单位	数量	备注

七、工作实施

（一）材料进场验收

由教师和学生分别模拟施工单位和项目监理机构填写材料进场验收记录模拟表，如表 3 - 5 所示。

表 3 – 5　梁板材料进场验收记录模拟表

材料品种		编号	
进场日期		规格	
进场数量		出厂批号	

验收情况

材料名称:　　　　　　　　　　　　　　材料品种:

型号:　　　　　　　　　　　　　　　　生产厂家:

出厂日期:

施工单位(组长)检查意见:

质检员:　　　　　　材料员:　　　　　　　　　年　　月　　日

项目监理机构(教师)验收意见:

专业监理工程师(教师):　　　　　　　　　　　　　年　　月　　日

注:本表由施工单位填写,项目监理机构验收合格后,作为质量证明资料,由施工单位保存。

（二）需要完成工作

典型工程 HX - 01 小桥梁板施工技术交底（包括人材机种类、数量）。

延伸问题:梁板施工中现浇法与预制法各自的优缺点。

八、评价反馈

各组代表展示作品，介绍任务的完成过程。作品展示前准备：准备阐述材料，填写阐述项目表，并完成下列评价表——表3-6、表3-7、表3-8。

表3-6 学生自评表

评价项目	自我评价
任务是否按计划时间完成	
相关理论完成情况	
技能训练情况	
任务完成情况	
材料上交情况	
收获	

表3-7 小组互评、教师评价表

序号	评价项目	小组互评	教师评价	总评
1	任务是否按时完成			
2	材料完成上交情况			
3	作品质量			
4	语言表达能力			
5	小组成员合作面貌			
6	创新点			

表 3-8　桥梁梁板施工学习任务评价表

序号	项目	评分标准	满分	评价			综合得分
				自评	互评	师评	

延伸任务:按照以上过程完成典型工程 HZ-01 中桥梁板施工技术方案。

九、预应力混凝土梁施工方案【T 形梁预制与架设施工方案编制实例】

（一）编制说明

1.编制依据

（1）工程施工总价承包招标文件、招标设计图纸及施工设计图纸。

（2）国家及地方有关工程建设的相关法律、法规及规定,现行的建设工程设计施工规范、技术规程、质量验收评定标准及本工程的特殊规范要求等。

（3）国家、地方有关工程建设施工管理及确保施工安全的行业规定、管理办法和实施细则等。

（4）施工现场踏勘所取得的有关工程地质、水文、气象、材料供应、施工场地、水电、交通运输状况，以及当地民风民俗、自然环境、水土资源状况等调查资料。

（5）本单位在以往工程施工中获得的施工经验，包括在新建和改建工程施工中积累的成熟技术、科技成果、施工工艺方法等。

（6）本单位现有的技术力量、施工人员、机械设备等资源情况及管理水平。

（7）施工作业执行的具体强制性法律、法规、规范、标准：

《中华人民共和国安全生产法》；

《建设工程安全生产管理条例》；

《普通混凝土用砂、石质量及检验方法标准》（JGJ52—2006）；

《铁路桥涵工程施工质量验收标准》（TB 10415—2018）；

《钢筋焊接及验收规程》（JGJ 18—2012）；

《预应力筋用锚具、夹具和连接器》（GB/T 14370—2015）；

《预应力混凝土用钢绞线》（GB/T 5224—2023）；

《混凝土外加剂》（GB 8076—2008）；

《混凝土膨胀剂》（JC 476—2001）；

《通用硅酸盐水泥》（GB 175—2023）；

《钢筋焊接及验收规程》（JGJ 18—2012）；

《混凝土强度检验评定标准》（GB/T 50107—2010）；

《钢筋机械连接通用技术规程》（JGJ 107—2016）。

2. 编制原则

（1）遵循设计图纸的原则。认真阅读核对设计文件，领会设计意图，把握设计标准，保证结构特点。针对本工程重难点采取相应措施以保证工程顺利进行。

（2）遵循技术规范和验收标准的原则。严格按施工技术规范要求编制施工方案，认真执行工程质量检验及验收标准。工程质量满足要求和期望，单位工程创优质工程。

（3）遵循安全第一、预防为主的原则。从制度、管理、方案、资源等方面制定切实可行的措施，严格按规章程序办事，确保施工安全。

（4）遵循确保工期的原则。工期适度提前，确保节点工期和总体工期。

（5）遵循保护环境的原则。认真贯彻"全面规划，合理布局，预防为主，综合治理，强化管理"的方针，充分考虑具体项目施工特点，以及本工程特殊的地理位置，合理布置施工场地，科学安排作业顺序，从场地布置、施工顺序、施工工艺等方面入手，减少对周边环境的影响。

(6)遵循资源投入合理的原则。投入的机械设备、劳动力与工程相匹配,同时考虑一定的富余系数。

(7)遵循贯标机制的原则。现场建立完善的质量、环境和职业安全健康管理体系,制定相应的保证措施,确保三大标准体系在本项目中自始至终得到有效运行。

(二)工程概况

全标段预制、架设预应力简支 T 形梁 519 孔,其中 32 m 预应力简支 T 形梁 499 孔,24 m 预应力简支 T 形梁 10 孔,16 m 预应力简支 T 形梁 10 孔,采用后张法预应力混凝土 T 形梁,布置 1 个 T 形梁预制厂和 1 个架梁队负责施工。

(三)T 形梁预制与架设施工方案

1. T 形梁梁场布置与预制方案

预制场布置遵循少占耕地、布局合理、经济适用、方便施工的原则。根据进度要求、生产能力、机械设备、人员装备等情况布置梁场的生产、生活设施。梁场设计制梁台座 16 ~ 24 m 1 个,32 m 20 个,最大生产能力 5 片/天,最大存梁能力为 100 孔。梁体生产区内侧模型和底模按照"一对三"的形式,设置 3 台 10 吨龙门吊和 2 台 80 吨龙门吊,混凝土灌注设备采用 1 台 60 立方米搅拌站和 2 台输送泵。紧靠制梁台座设混凝土拌和站和钢筋加工场地。

2. 施工工艺

T 形预应力梁预制施工工艺流程详见图 3 - 1。

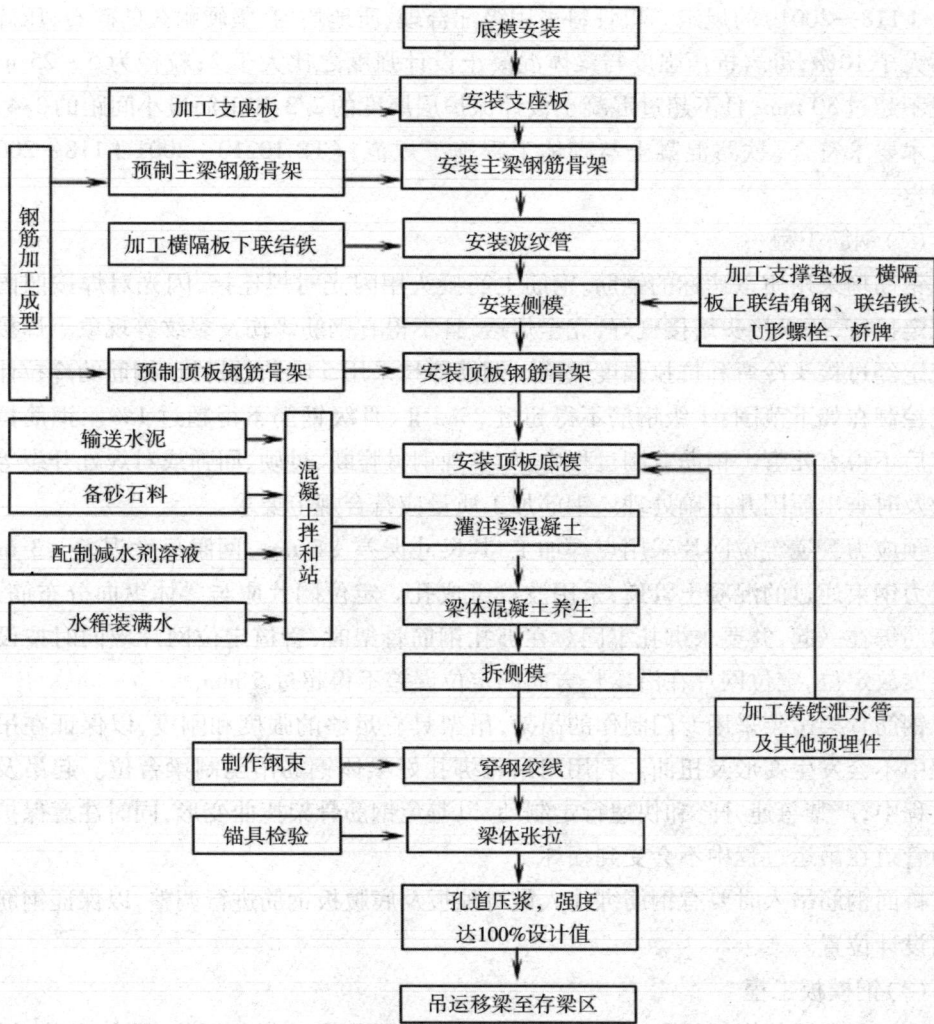

图 3-1 T形预应力梁预制施工工艺流程图

3. 施工方法

（1）材料技术要求

采用品质稳定、强度等级不低于42.5级的低碱硅酸盐水泥或低碱普通硅酸盐水泥。水泥性能应符合《通用硅酸盐水泥》（GB 175—2023）的有关规定。水泥从出厂到使用日期不超过3个月，否则将经试验重新鉴定标号，然后视情况使用。水泥入库存放时要考虑防潮、防水要求。

细骨料采用级配合理、硬质洁净的天然中粗河砂，细度模数为2.6~3.0，含泥量不大于1.5%。其余技术性能符合《铁路混凝土与砌体工程施工规范》（TB 10210—

2001 J 118—2001）的规定。粗骨料采用级配合理、质地均匀、坚硬耐久的碎石,压碎指标不大于 10%,母岩抗压强度与梁体混凝土设计强度之比大于 2;粒径为 5～25 mm,最大不超过 30 mm,且不超过混凝土设计保护层厚度的 2/3 和钢筋最小间距的 3/4,其余技术要求符合《铁路混凝土与砌体工程施工规范》（TB 10210—2001 J 118—2001）的规定。

（2）钢筋工程

钢筋均采用质量达标的钢筋,钢筋主筋接头用闪光对焊连接,闪光对焊按照国标的规定执行,要求接头熔接良好,完全焊透,且不得有钢筋烤伤及裂纹等现象。焊接后按规定经过接头冷弯和抗拉强度试验。钢筋冷拉采用 5 吨的卷扬机,钢筋的冷拉伸长率应控制在如下范围:Ⅰ级钢筋不得超过 2%;Ⅱ、Ⅲ级钢筋不得超过 1%。钢筋拉伸调直后不得有死弯。钢筋弯制过程中,如发现钢材脆断、过硬、回弹或对焊处开裂等现象应及时查出原因并正确处理。钢筋加工质量应符合规范要求。

预应力管道定位网片采用点焊加工,其尺寸误差 ±2 mm,网眼尺寸误差 ≤3 mm。预应力钢束通过的混凝土管道,采用波纹管成孔。定位网片应与梁体纵向分布筋、下缘箍筋绑在一起,并要求绑扎牢固。在绑扎钢筋骨架时,管道定位网片应同时按设计位置安放定位,定位网片在沿梁长方向的定位误差不得超过 5 mm。

钢筋骨架吊装采用专门制作的吊架,吊架具有足够的强度和刚度,以保证在吊运过程中不会发生变形及扭曲。利用门吊将绑扎好梁体钢筋吊至制梁台位。起吊及移运过程中,严禁急速升降和快速行走制动,以避免钢筋骨架扭曲变形,同时注意保护预应力管道在吊运过程中不会受到损坏。

桥面钢筋吊入时要有钢筋绑扎人员对顶板及底腹板钢筋进行调整,以保证钢筋不偏离设计位置。

（3）钢模板工程

本工程所用的模板均经过精心设计,其中侧模单侧为分段制作,整体拼装底模。模板必须达到如下技术要求:

模板应具有足够的强度、刚度、稳定性和精确的结构尺寸。模板要板面平整,其局部不平整度不大于 1 mm/m。接缝密贴,确保模板不漏浆。模板要有足够的拉杆和支撑,使灌注的混凝土符合规定的几何尺寸。模板安装完毕后,各部分尺寸的施工允许误差符合有关要求。侧模由小龙门吊吊装就位。底模外侧有凹形橡胶条,以免漏浆。注意检查侧模与底模边沿是否吻合。侧模拉杆必须上紧并戴双螺帽,底脚楔铁必须打紧,以防止灌注混凝土时底脚开缝或跑模。将侧模安装好以后,试拼端模,将端模就位,使之与侧模连接孔对齐并用螺栓上紧,检查端模是否对中,各预应力管道位置是否符合图纸要求,如都符合要求,则模型组装完毕拆开待用。

（4）混凝土工程

混凝土拌和采用 HLS60 自动计量混凝土搅拌站生产,粗骨料、细骨料的含水量应及时测定,并按实际测定值调整用水量及砂石骨料用量,禁止拌和物出机后加水。混凝土搅拌时投料顺序为:先向搅拌机投入细骨料、水泥、粗骨料、矿物掺和料和外加剂,搅拌均匀后,再加入所需量的水,并继续搅拌至均匀为止。上述每一阶段的搅拌时间不少于 30 s,总搅拌时间不宜少于 2 min,也不宜超过 3 min。用 1 台 40 m³/h 混凝土输送泵输送,以满足梁体混凝土连续灌注、一次成型要求,灌注时间不超过 6 h。混凝土灌注采用从一端开始、逐步推进、分层灌注的方式,每层混凝土厚度不宜超过30 cm。泵送过程中,混凝土拌和物应始终连续输送。高温或低温环境下输送管路应分别采用湿帘或保温材料覆盖。采用附着式振动器侧振和插入式高频振捣棒联合振捣成型的方式进行振捣,插入式高频振捣棒应垂直点振,不得平拉,并防止过振、漏振。预制梁在灌注混凝土过程中,要随机取样进行温度和坍落度检验,同时随机取样制作混凝土强度、弹性模量试件。

(5)养护工程

为加快制梁速度,缩短工期,拆模前采用蒸汽养护并加养护罩,拆模后进行洒水自然养护。在灌注混凝土收面时养护罩要及时跟进,做到收面与覆盖基本同步。蒸汽管道分别布置在外模的两侧,水蒸气不得直接吹向混凝土和模板。拆完模后应注意对桥面的养护,特别是端边墙比较薄弱,拆完模后应立即将其覆盖,以防风吹干裂。水蒸气供应采用 1 台 4 t 的蒸汽锅炉进行。在梁两侧布设蒸汽管道。整个养护过程由专人测温,分别对养护棚内和环境温度进行监控,采取合理的养护方案防止温差造成梁开裂。自然养护采用草袋或麻袋覆盖洒水,并在其上覆盖塑料薄膜养护。洒水次数以能保持混凝土表面充分潮湿为度。

(6)预应力工程

初张拉:当梁体混凝土强度达到设计值的 80% 并拆除外模后,按照设计要求对梁体进行初张拉。初张拉在预制台座上进行,初张拉结束后,方可将梁体移出台座。张拉时采用双控,即以油压表读数为主,精轧螺纹钢伸长值为辅。在使用正常的情况下,油压表每周校验一次,千斤顶每月校验一次。

终张拉:当梁体混凝土强度及弹性模量达到设计值,且混凝土龄期不少于 10 d时,进行终张拉。终张拉结束时要对梁体上拱度进行测量,实测上拱度值不宜大于1.05倍的设计计算值。终张拉结束 30 d 后,应由质检人员对梁体进行上拱度测量,梁体上拱度应在 $L/1000$ 的范围内。

预应力张拉操作方法:按照设计的张拉顺序,两端同时对称张拉(即 2 台张拉千斤顶同时工作),当油压表读数达到 $0.2\sigma_k$ 时,测量出各千斤顶活塞伸出长度,待梁体受力稳定后,2 台千斤顶分 3 个阶段进行张拉到 σ_k,每阶段应力达到相应的规定后,2台千斤顶全部停止工作,待梁体受力稳定后,才可进行下一次张拉,通过计算得出工作锚夹片回缩及自由长度的伸长值,并与理论伸长值进行校核。如果实测伸长值与理论伸长值之差超出设计规定,应将钢绞线松开,重新进行张拉。

张拉程序:$0 \rightarrow 0.2\sigma_k$(做伸长值标记)$\rightarrow \sigma_k$(静停 5 min)$\rightarrow$ 补拉 σ_k(测伸长值)$\rightarrow$ 锚固。

注:σ_k 指设计应力与各种实测摩阻之和。

按每束根数与相应的锚具配套,带好夹片,将钢绞线从千斤顶中心穿过。张拉时,当钢绞线的初始应力达到 $0.2\sigma_k$ 时停止供油。检查工具夹片情况完好后,画线做标记。向千斤顶油缸供油并对钢绞线进行张拉,张拉力的大小以油压表的读数为主,以预应力钢绞线的伸长值加以校核,实测伸长值与理论伸长值的误差应控制在 ±6% 范围内,每端钢绞线回缩量应控制在 6 mm 以内。油压达到张拉吨位后,关闭主油缸的油路,并持荷 5 min,测量钢绞线伸长值并加以校核,若油压有所下降,须补油到设计吨位的油压值,千斤顶回油,夹片自动锁定则该束张拉结束,及时做好记录。全梁断丝、滑丝总数不得超过预应力钢丝总根数的 0.5%,且一束内断丝不得超过一根,也不得在梁体的同一侧。每孔梁张拉时,必须有专人负责及时填写张拉记录表。千斤顶不准超载,不准超出规定的行程。转移油泵时,必须将油压表拆卸下来另行携带转送。张拉钢绞线时,必须两边同时向千斤顶主油缸徐徐供油张拉,两端伸长应基本保持一致,严禁一端张拉。如设计有特殊规定,可按设计要求办理。张拉期间应对锚具及预应力筋进行遮盖,以避免锚具、预应力筋受雨水和养护用水浇淋,而造成锚具及预应力筋出现锈蚀。

(7)压浆、封锚工程

管道压浆:预应力管道压浆采用真空压浆工艺。压浆泵采用连续式,同一管道压浆应连续进行并一次完成。压浆前先清除管道内杂物及积水,水泥浆拌制均匀后,须经 2.5 mm × 2.5 mm 的滤网过滤方可压入管道。管道出浆口应装有三通管,必须确认出浆浓度与进浆浓度一致后,方可封闭保压。压浆前管道真空度应稳定在 −0.10 ~ −0.09 MPa 之间;浆体注满管道后,在 0.50 ~ 0.60 MPa 的压力下保持 2 min,以确保压入管道的浆体饱满密实;压浆的最大压力不得超过 0.60 MPa。终张拉结束后,宜在 48 h 内进行管道真空压浆。压浆用的胶管一般不得超过 30 m,最长不超过 40 m。水泥浆自搅拌结束至压入管道的间隔时间不得超过 40 min,管道压浆应控制在 0 ℃以上温度下施工,并应保持无积水无结冰现象。压浆时及压浆后 3 d 内,梁体及环境温度不得低于5 ℃。冬季压浆时要采取保温措施,并掺加防冻剂。

封锚:封锚混凝土采用无收缩混凝土,抗压强度不应低于设计要求。浇筑梁体封锚混凝土之前,应先将锚垫板表面的黏浆和锚环外面上部的灰浆铲除干净,并对锚圈与锚垫板之间的交接缝进行防水处理,同时检查无漏浆的管道后,才允许浇筑封锚混凝土。为保证与梁体混凝土接合良好,应将混凝土表面凿毛,再放置钢筋网片。

(8)桥梁面防水层、保护层工程

防水层:桥梁面防水层在制作之前应对预制梁混凝土表面进行检查,桥梁面混凝土基层表面质量应符合《铁路桥梁混凝土桥面防水层》(TB/T 2965—2018)的规定。

平整度用 1 m 长靠尺检查,空隙只允许平缓变化,且不大于 5 mm。防水层铺设前应采用高压风枪清除基层表面灰尘。在桥梁面,防水卷材应铺设至挡渣墙、竖墙根部,并顺上坡方向逐幅铺设。防水卷材纵向宜整幅铺设,当防水卷材进行搭接时,先进行纵向搭接,再进行横向搭接,纵向搭接接头应错开。纵向搭接宽度不得小于 120 mm,横向搭接宽度不得小于 80 mm。铺设工艺及材料用量应符合《铁路桥梁混凝土桥面防水层》(TB/T 2965—2018)的规定。

保护层:防水层完全干固后,方可浇筑保护层。保护层应采用 C40 细石聚丙烯腈纤维或聚丙烯纤维网高性能混凝土。混凝土原材料配合比,混凝土拌和、浇筑和养护应符合有关规定和设计要求。桥面保护层横向设置断缝,断缝设置应符合设计要求。当保护层混凝土强度达到设计强度的 50% 以上时,用聚氨酯防水涂料将断缝填实、填满,但不得污染保护层及梁体。混凝土桥面道碴槽内保护层表面应平整,流水坡度应符合设计要求。采用平板振捣器捣实,振捣时间为 20 s 左右,并无可见孔洞为止。混凝土接近初凝时方可进行抹面,抹刀应光滑以免带出纤维,抹面时不得过量加水,抹面次数不宜过多。

4. 梁体吊装工程施工工艺和方法

(1)施工工艺

机械架梁施工工艺流程如图 3 - 2 所示。

(2)施工方法

架桥机施工步骤见图 3 - 3。

铁路梁运至架梁现场,采用 TJ165 型架桥机架设。TJ165 型架桥机架设铁路预应力钢筋混凝土梁,安全可靠,架设速度较快。主要工序是用机车推送梁车(1 次 3 孔)、桥头龙门架倒梁、运梁车运梁至主机,供主机架设。该机采用空中横移梁新技术,一次落梁就位,既保证安全,又加快进度。架梁前一个月,对墩台进行复测,检查支撑垫石高程、支座十字线、锚固孔位置、深度、大小是否符合要求,如有问题,及时通知施工单位纠正。对桥台后 50 m 范围的路基利用机车反复压道,确保架桥机的安全。

```
          ┌─────────────────┐
          │   组装架桥机      │
          └────────┬────────┘
                   ↓
          ┌─────────────────┐
          │   架桥机运行      │
          └────────┬────────┘
                   ↓
          ┌─────────────────┐
          │   架梁准备工作    │
          └────────┬────────┘
                   ↓
      ┌─────────────────────────┐
      │ 1号车对位、伸大臂、立0号柱 │
      └────────────┬────────────┘
                   ↓
      ┌─────────────────────────┐
      │   组立龙门架并倒装桥梁    │
      └────────────┬────────────┘
                   ↓
      ┌─────────────────────────┐
      │  2号车运送桥梁与1号车对位 │
      └────────────┬────────────┘
                   ↓
      ┌─────────────────────────┐
      │   桥梁拖拉、捆梁、吊梁     │
      └────────────┬────────────┘
                   ↓
      ┌─────────────────────────┐
      │  走梁、落梁、对位、安支座  │
      └────────────┬────────────┘
                   ↓
      ┌─────────────────────────┐
      │  铺桥面轨和电焊横隔板     │
      └────────────┬────────────┘
                   ↓
      ┌─────────────────────────┐
      │   重复架设下孔桥梁        │
      └────────────┬────────────┘
                   ↓
      ┌─────────────────────────┐
      │ 湿接缝凿毛、绑扎钢筋、立模 │
      └────────────┬────────────┘
                   ↓
      ┌─────────────────────────┐
      │   灌注细石混凝土          │
      └────────────┬────────────┘
                   ↓
    ┌───────────────────────────────┐
    │ 混凝土强度达到80%时进行横向张拉 │
    └───────────────┬───────────────┘
                    ↓
      ┌─────────────────────────┐
      │   孔道压浆、封端          │
      └────────────┬────────────┘
                   ↓
      ┌─────────────────────────┐
      │  收尾作业转入下座桥施工    │
      └─────────────────────────┘
```

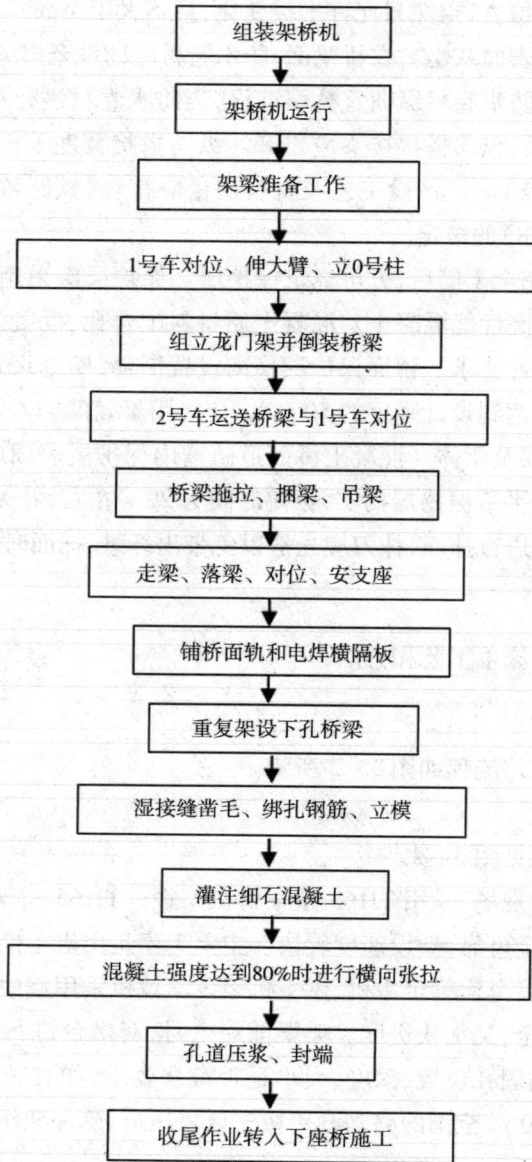

图 3-2　机械架梁施工工艺流程图

架桥机对位,同时立倒装龙门架。

龙门架倒装梁片到 2 号车上后,2 号车运梁到主机尾部。

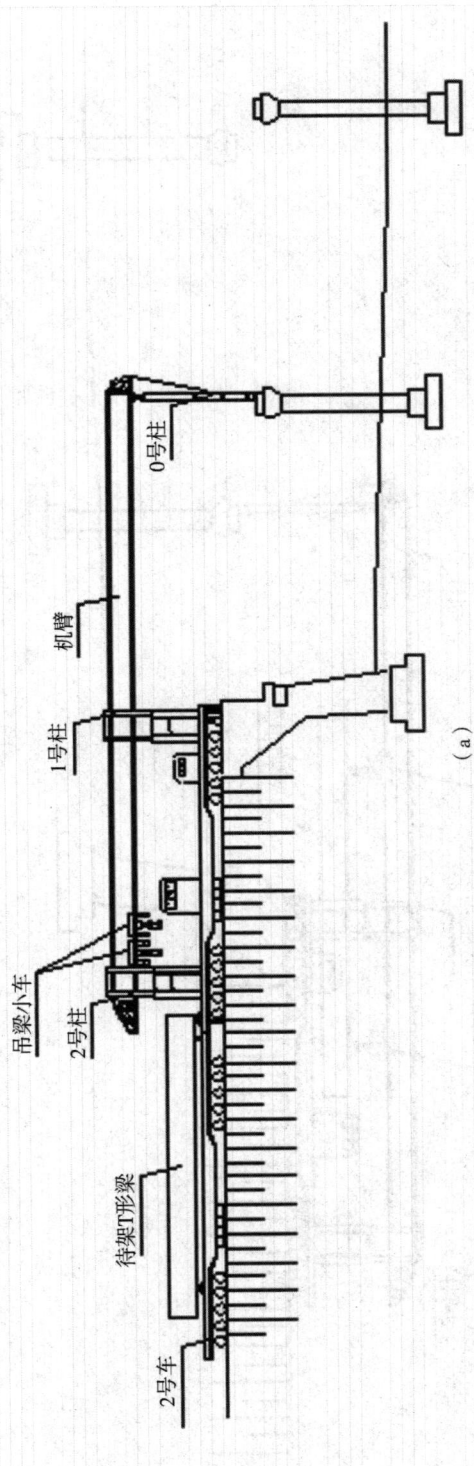

（a）

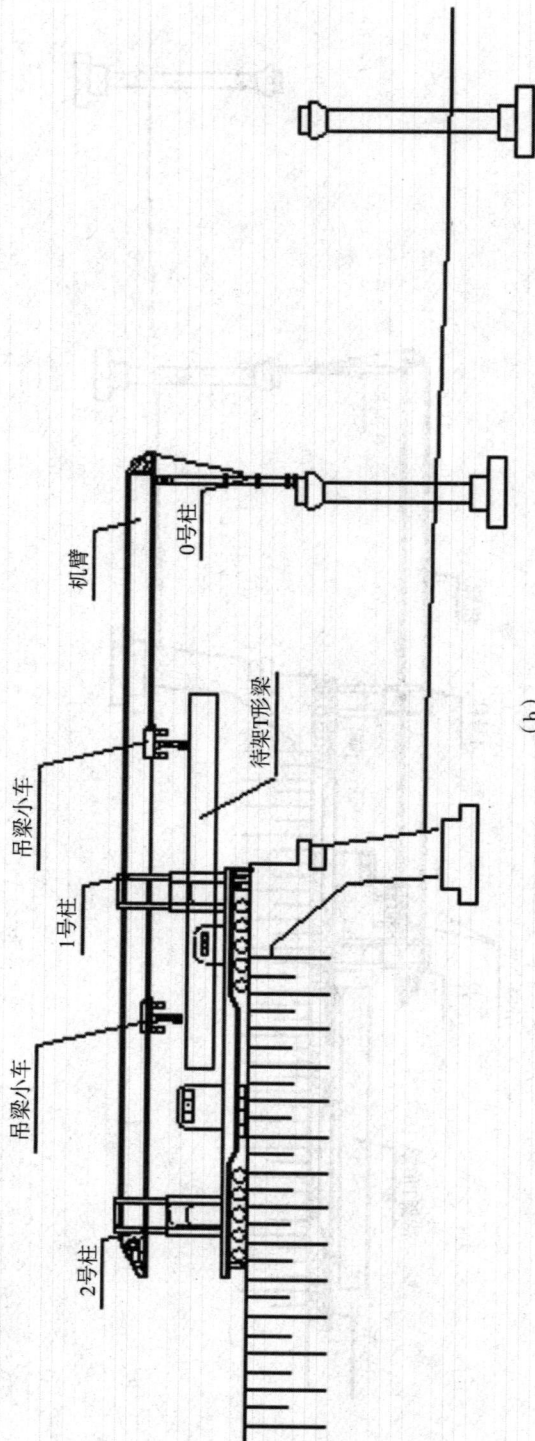

（b）

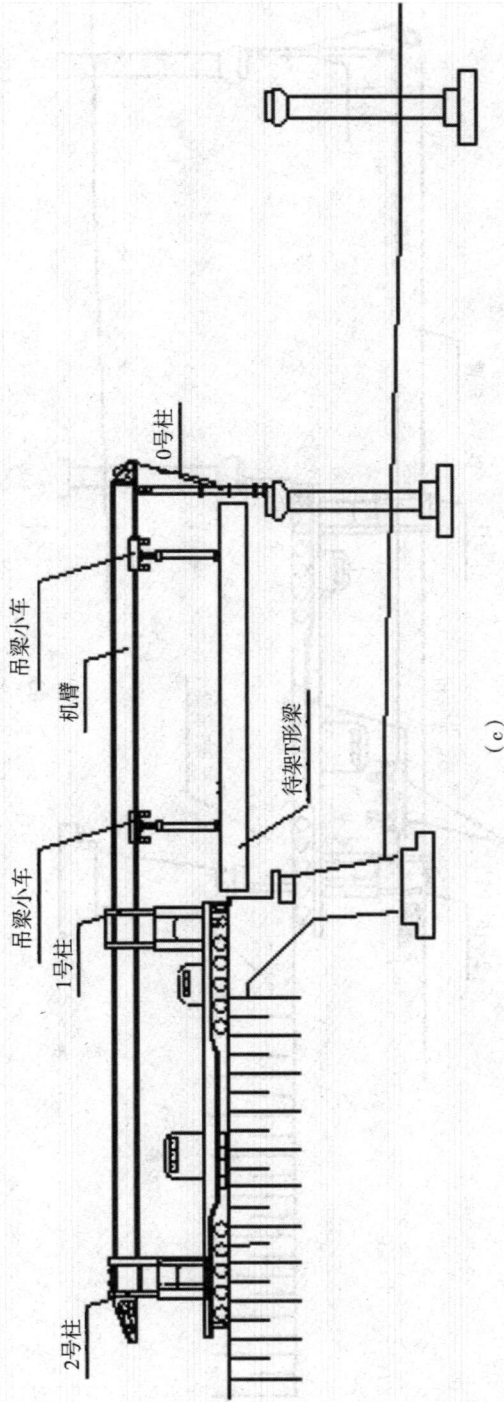

(c)

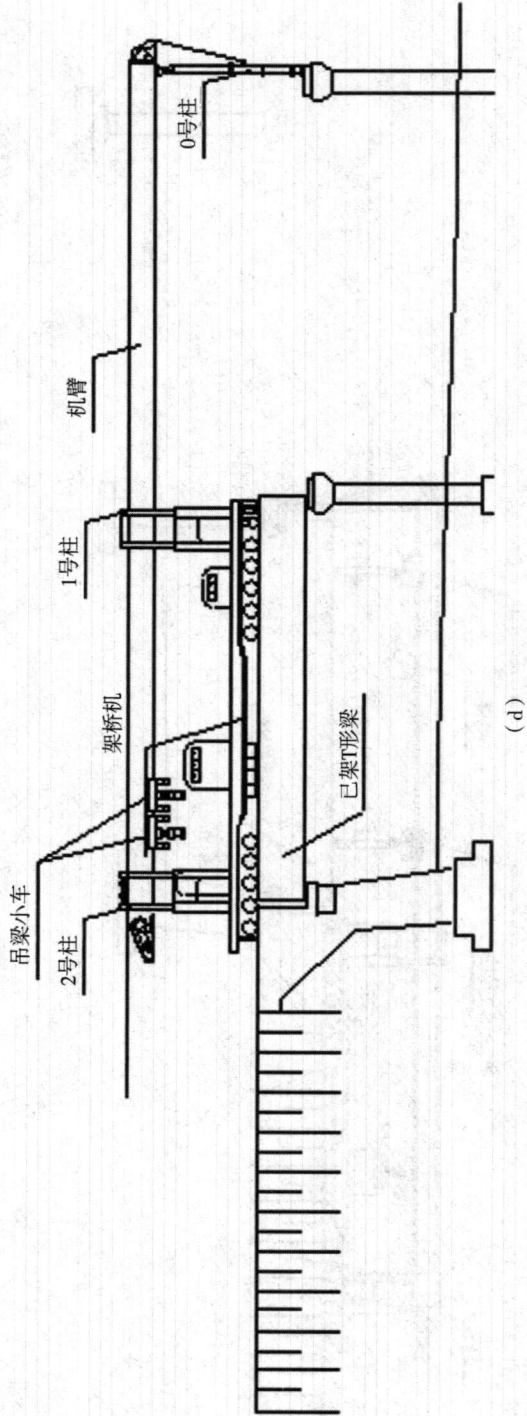

图 3-3 TJ165 型架桥机施工步骤

（d）

将梁从运梁车上拖拉到主机上。出梁到位,落梁到一定高度,利用大臂上横移装置进行横移,将梁直接横移到位。安装支座,落梁就位。架桥机铺桥面轨,电焊连接板。重复架其余各孔,收龙门架及完成架梁收尾工作,退架桥机。桥梁架设完后,必须及时灌注锚栓孔砂浆。

（3）横向张拉工程施工工艺和方法

横向张拉前的准备工作按设计图纸设置横向张拉预留孔,并保证位置准确。当两片梁放置在桥墩上时,应设临时连接,当桥梁架设完毕后进行横向张拉。两片梁之间的预应力管道采用波纹管。首先灌注湿接缝,当达到设计强度时进行横向张拉。横向张拉完成后,在横隔墙表面使用881-J型聚氨酯防水涂料进行封锚,遵循《聚氨酯防水涂料》(GB/T 19250—2013)标准。同时要同纵向张拉一样进行压浆和封锚。

5. 梁体预制、架设施工措施

（1）钢筋施工质量保证技术措施

钢筋采购必须要有出厂质量保证书,没有出厂质量保证书的钢筋,不能采购,对使用的钢筋,要在取样试验合格后方可使用。焊接钢筋的操作人员必须持证上岗,焊接接头要经过试验合格后,才允许正式作业,在每批焊接中,进行随机抽样检查,加强对焊接作业质量的监督考核。钢筋绑扎完毕后,要经过监理工程师验收合格后,方可浇筑混凝土,在混凝土浇筑过程中,必须派钢筋工值班,以便处理在施工过程中发生的钢筋及预埋件位移等问题。

（2）模板施工质量保证技术措施

模板要经过结构设计,保证有足够的强度和刚度,并要装拆方便;加工钢模板时要严格按技术规范施工,实行三级验收程序。钢模板统一调配,安装时要涂脱模剂,模板缝隙要严密填塞,并注意控制高差、平整度、轴线位置、尺寸、垂直度等,流水作业,逐一检查,防止漏浆、错装等错误。

（3）混凝土施工质量保证技术措施

根据混凝土的强度要求,准确计算出混凝土的配合比,申报监理工程师审批,监理工程师同意后方可使用,在使用过程中,要严格按照配合比执行。派专人(试验人员)到搅拌站监督检查配合比执行情况,以及原材料、坍落度、试件取样、称量衡器检查校准及拌和时间是否与要求相符。混凝土运抵现场后,必须经过坍落度试验,符合要求后才能浇筑,若坍落度损失过大,试验人员可根据实际情况征得监理工程师的同意后适量加入水泥浆,确保混凝土的水灰比不变,并在搅拌均匀后方可浇筑。浇筑混凝土,全部模板和钢筋要清洗干净,不得有杂物,模板若有缝隙应嵌填密实,并经监理工程师检查批准后方可开始浇筑。混凝土的浇筑方法,必须经监理工程师批准。混凝土浇筑施工时,要严格控制分层厚度,最大层厚不得超过30 cm,同时要严格控制混凝土自由下落高度,最高不能超过2 m,超过2 m要使用串筒或溜槽,以免混凝土产生离析。混凝土浇筑作业应连续进行,如因故发生中断,其中断时间应小于前次混凝土的初凝时间或重塑时间,超过中断时间,应采取相应措施处理,并立即向监理工程师汇报。混凝土振捣时,振捣器插入或拔出速度要慢,振捣点均匀,在振捣器不能达到的地方应辅以插铲式振捣,以免发生漏振现象。

混凝土终凝后要采取适当措施养护,并在浇筑部位注明养护起止日期,以免养护时间不足。

预应力张拉应严格按照技术规范的要求,梁体混凝土强度达到设计要求后进行,不得提前进行张拉。

(4)架梁施工技术措施

架梁前应对所有墩台中线及支座十字线等进行一次复测,并对锚栓孔位置、深度、孔眼大小等进行检查并做好记录,对不符合要求的及时通知墩台施工单位进行整改。落梁就位安放支座时,支座底面中心线应与墩台支承垫石顶面十字线重合。支座为盆式橡胶支座,其支座四角高差不得大于 2 mm,并且活动端支座要根据梁位置对正上下支座,上下导块要保持平行,其夹角不得大于 5°。支座底面与支承垫石顶面应密贴,上座板与梁底之间应无缝隙,整孔梁不应有三条腿现象。成品梁倒装、运输、起吊过程中,铁瓦保护棱角,支撑牢固安全,确保梁体不受损伤。

(5)跨越公路架梁的安全措施

认真调查当地的地形及汽车的运营情况,制定可行的施工方案和安全保护措施,报告相关单位批准后严格执行。跨线前对铺架机械及时进行检修,保证机械状况、性能良好,确保良好运行状态跨过公路和铁路。

跨越公路时,施工现场附近设标语、标志牌,警戒人员提醒车辆、人员临时避让。夜间架梁时严格按公路交通部门的要求设置各种施工标志和灯光。跨公路施工前及时与交警部门取得联系,让交警部门配合,临时封锁公路施工。架梁之后及时将梁片焊接连接,并进行横向联结施工。及时完成梁上清渣、整道作业,保证桥上火车运输安全和桥下汽车、行人安全。

6. 质量目标、创优规划和保证措施

(1)质量目标

争创优质工程;消灭重大质量事故;工程全面达到设计要求和国家及铁路现行的工程质量验收标准;分项、分部、单位工程质量一次验收合格率达 100%。

(2)质量保证体系

项目经理部依据《质量管理体系 要求》(GB/T 19001—2016/ISO 9001:2015),建立完善的工程质量管理及保证体系,形成项目程序文件,并在工程施工过程中加以运行、实施。质量保证体系如图 3 - 4 所示。

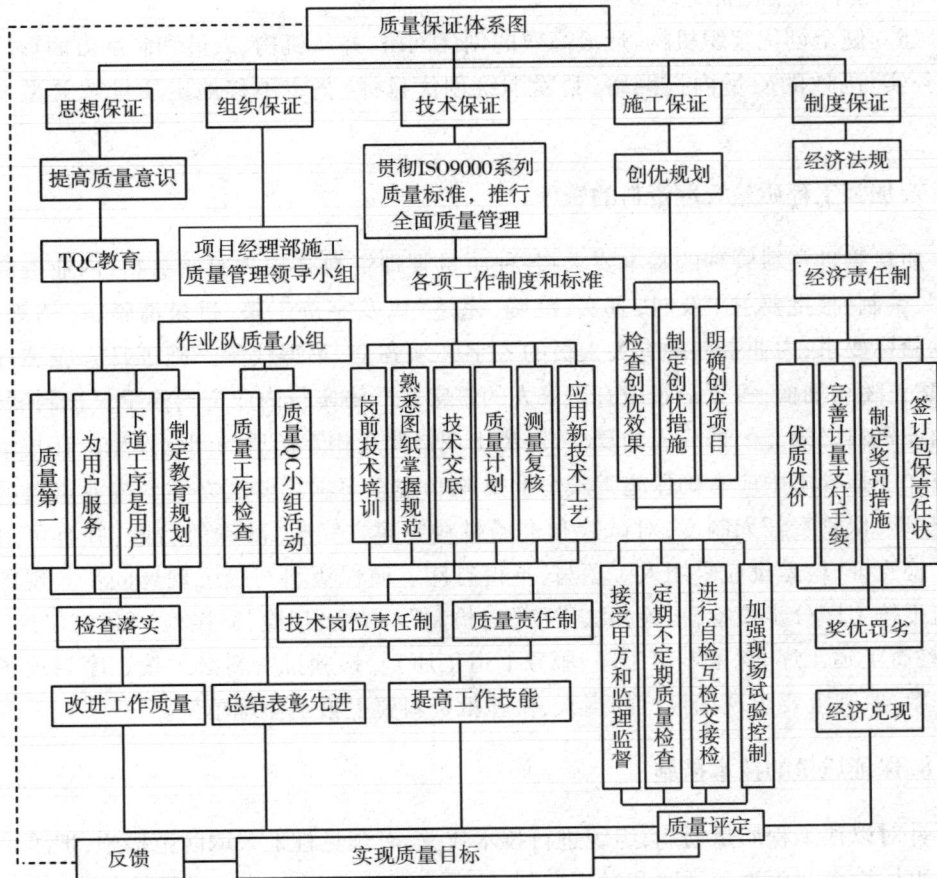

图 3-4　质量保证体系

（3）保证质量的管理措施

①在工程建设项目施工中，将工程质量管理作为一项重要管理内容，建立健全工程纵向到底、横向到边的质量管理体系，抓好全员全过程控制。

②积极参加和服从甲方组织的对工程质量进行全过程、全方位的监督检查和管理。

③项目经理部成立以项目经理为组长，副项目经理、总工程师为副组长，各专业工程师为组员的施工质量管理领导小组。按照《建设工程质量管理条例》确定的职责，加强对施工质量工作的领导，建立和完善策划层、管理层、作业层三级职责清楚、权限明晰的质量管理和质量保证体系，配齐各级质检人员和质量管理人员，保证质量管理体系能够有效运作。

④负责工程质量监督检查及日常管理工作的各级专职质检人员应具有工程师以上技术职称，熟悉本行业规范、规章、标准，掌握各种材料的技术要求和性能，具备一定的工作经验。

（4）建立健全创优组织机构

建立健全创优组织机构，形成高效的创优网络，并从机构、人员和制度方面形成完善、务实、高效的质量内控网络，紧紧围绕创优目标，坚定不移地走质量效益型发展道路。

7. 加强工程质量管理资料的管理

质量管理资料管理的基本要求：各种质量管理资料必须为原始材料，内业资料的填写、编制、报批要求"及时、真实、准确、完整"以及字迹工整、目录清晰、存档规范。依据验标要求，内业资料中有关人员的签字必须齐全，不得代签。施工日志应装订成册，防止随意抽换，每页记录应有记录人的签字。严格实行内业资料换手复核制度，所有内业资料必须经另外一人的复核，避免出现错漏及相互矛盾的问题发生。在技术交底或作业指导书中应有确保施工安全的措施和注意事项。要建立健全内业资料的填写、整理、保管责任人制度，对试验和进场材料要建立完整、准确的台账，并有可追溯性。检查证、检验批应采用人工填写，不得打印。质保资料与施工现场同步。现场所有施工按工序分步报检，报检办法贯彻"三检制"（自检、互检、交接检）和"三工序"制度（检查上道工序、保证本道工序、服务下道工序）。检验批资料必须按工序与现场保持一致，原则上要求现场报检的当天，检验批资料要上报至监理单位。

8. 保证质量的技术措施

针对以往工程质量通病，组织进行技术攻关，有预见性地采取防范措施，把质量管理由事后检查变为事前预防和过程控制，使质量通病得到有效克服及控制，确保全标段创优目标的实现。成立以项目经理部总工程师为组长，安质部长为副组长，各主管工程师、专职质检员为组员的治理质量通病专项小组。治理质量通病专项小组根据以往施工中常见质量通病，制定有针对性的预防措施，装订成册，在开工前技术交底时作为一项重点专项交底。各施工队在施工中，根据有针对性的预防质量通病措施，严格按施工规范要求及技术交底要求操作，坚决防止质量通病发生。治理质量通病专项小组定期或不定期对各工点质量及预防措施的实施情况进行检查并进行统计分析，对效果不明显的进一步进行原因分析，并制定相应的纠正和预防措施。组建工地中心实验室，试验人员全部持证上岗，试验仪器必须由国家指定部门标定认可。组建精干的精测队伍，配备先进的测量仪器，确保工程几何尺寸符合规范要求，达到优良标准。加大装备投入，投入先进的机械设备用于工程施工，确保混凝土工程内实外美，一次达标。常见的质量通病及预防措施见表3-9、表3-10。

表3-9　钢筋工程质量通病及预防措施

序号	质量通病	预防措施
1	咬边问题	根据被焊接钢筋直径选择合适的焊接电流； 钢筋端部熔化到一定程度后，上钢筋迅速下送，适当加大顶压量，以便钢筋端头在熔池中压入一定深度，保持上下钢筋在熔池中有良好的结合； 根据钢筋直径适当控制焊接通电时间
2	气孔问题	焊剂在使用前必须烘干，否则不仅降低保护效果，而且容易形成气孔； 焊前把钢筋端部铁锈及油污清除干净，避免在焊接过程中产生有害气体，影响接头质量
3	夹渣问题	焊前将钢筋端部120 mm范围内的铁锈和油污清除干净；夹具电极上黏附的熔渣及氧化物清除干净；焊前把钢筋夹紧

表3-10　混凝土工程质量通病及预防措施

序号	质量通病	预防措施
1	保证混凝土和易性	合理选择水泥标号，适量掺加混合材料、减水剂等，改善混凝土拌和物的和易性；严格控制配合比，利用自动计量拌和站拌制混凝土，控制拌和、灌注、振捣施工工艺；随机检查混凝土的坍落度，及时反馈调整水灰比，确保混凝土的和易性； 防止混凝土表面出现麻面措施：模板表面洁净，无杂物，模板脱模剂要涂刷均匀，不漏刷。混凝土必须按操作规程分层均匀振捣密实，严防漏振，每层混凝土均振捣至气泡排出为止
2	预防蜂窝措施	严格控制配合比，保证材料计量准确；混凝土拌和均匀，颜色一致；采用辅助手段下料，控制混凝土自由倾落度；严格控制振捣工艺，防止过振、漏振现象发生； 高温季节灌注混凝土时，灌注时间避开中午高温时段，选择温度相对较低的时段进行灌注； 控制混凝土拆模时间，防止拆模过早，混凝土表面粘连；拆模过晚，引起混凝土表面干裂； 混凝土浇筑时，掌握好振动时间，并观察模板、堵缝等情况
3	防止露筋措施	浇筑混凝土前，检查钢筋位置和保护层厚度是否准确，发现问题及时修整；为保证混凝土保护层的厚度，要注意固定好垫块
4	混凝土裂缝预防	混凝土采用"双掺技术"，即加入一定数量的粉煤灰，采用包裹塑料薄膜洒水养生法，有效防止出现细小裂纹或龟裂

续表

序号	质量通病	预防措施
5	防止混凝土表面错台	隧道二次衬砌,墩台台身采用大模板,其他部位采用定型模板施工,减少模板接缝数量,避免出现混凝土表面错台现象
6	防止混凝土表面色差	混凝土拌和的原材料采用相同的料源和料场,尤其是水泥采用同一厂家同一批号的产品,混凝土采用自动计量拌和,保证混凝土配合比的一致性;混凝土及时养生,并保证养生时间;控制拆模时间,从而有效地避免混凝土表面的色差
7	防止混凝土表面冷缝	合理确定混凝土的初凝时间和混凝土分层厚度的关系,做好施工机械设备的保养,准备相应的施工设备备用,保证混凝土灌注的连续性,避免出现冷缝
8	防止混凝土表面气泡	优化混凝土施工配合比,根据以往成功的施工经验,混凝土掺加粉煤灰可有效地避免表面出现气泡;按照施工规范结合施工经验确定混凝土振捣参数,防止混凝土过捣和欠捣

9. 安全目标和安全生产保证体系及措施

(1)安全目标:无 D 类及以上责任事故;无人身重大伤亡事故;无火灾爆炸事故;无刮碰挖断电缆事故;无环境污染事故。

(2)安全生产保证体系:结合工程实际,建立安全管理体系,编制安全计划和施工作业安全操作规程,严格按职业安全健康管理体系运行。为本工程建立施工安全生产保证体系,如图 3 - 5 所示。

(3)组织保证:建立健全安全管理体系,建立以项目经理为首的安全组织机构,坚持管生产必须管安全的原则,建立健全岗位责任制,从组织上保证安全管理体系的有效运行。项目经理部、安质部设安全监察、检查工程师,各施工队设专职安全员,各作业工班设兼职安全员,形成系统的安全管理、检查、监督组织机构。

安全生产保证体系

组织保证 — 安全生产领导小组 — 安全工程师 — 专业工程师 — 专职安全员 — 兼职安全员 — 施工安全技术规程教育 — 安全教育｜安全活动日｜三工教学

思想保证 — 提高全员安全意识 — 施工安全技术规程教育

制度保证 — 各项安全生产制度 — 安全标准工地制度｜工种安全操作规程｜生产安全检查制度｜安全考核评比制度｜安全生产责任制度

经济保证 — 安全生产承包责任制 — 项目经理 — 各施工队队长 — 责任考核 — 经济兑现

实现安全目标

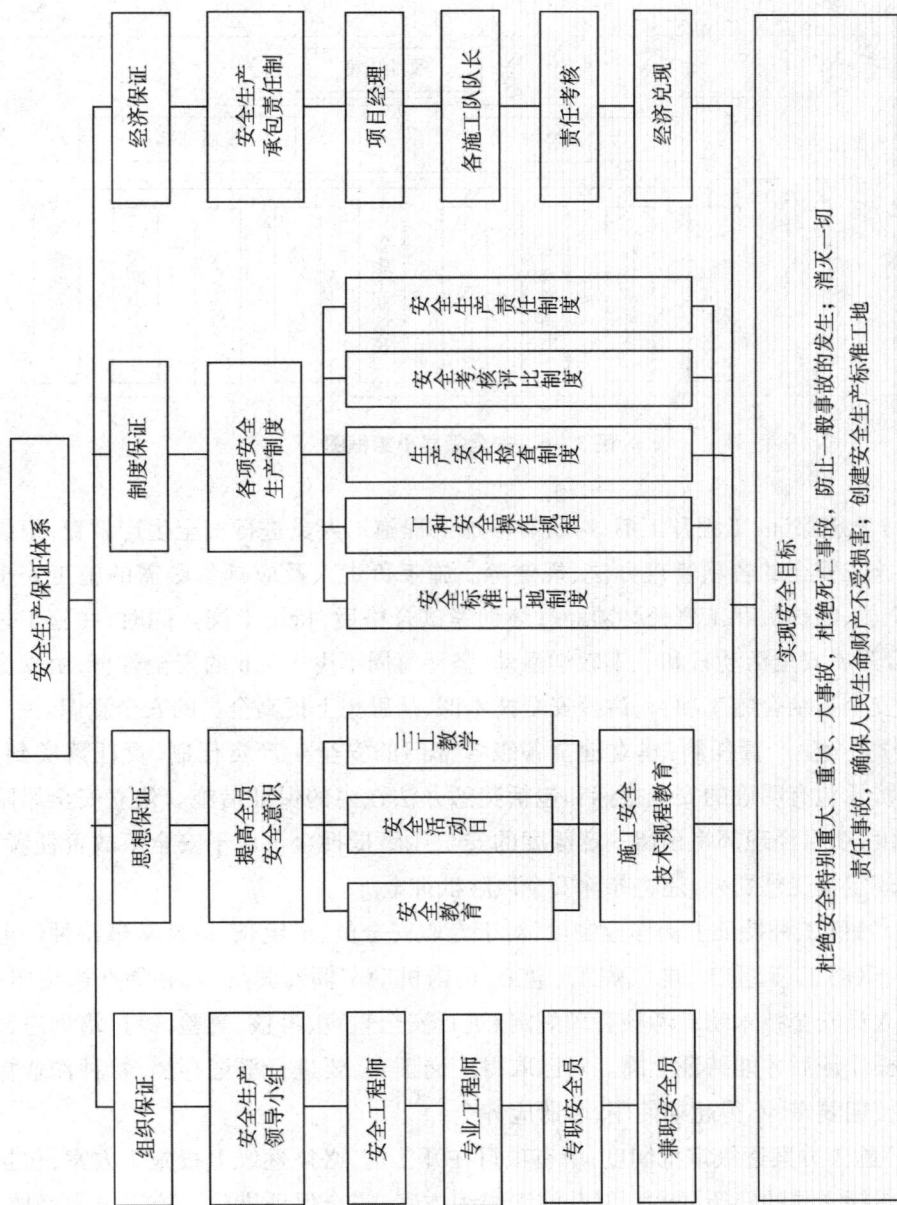

杜绝安全特别重大、重大、大事故，杜绝死亡事故，防止一般事故的发生；消灭一切责任事故，确保人民生命财产不受损害；创建安全生产标准工地

图3-5　施工安全生产保证体系

为加强对本工程施工安全管理工作的领导,项目经理部设工程安全领导小组。安全领导小组设置见图3-6。

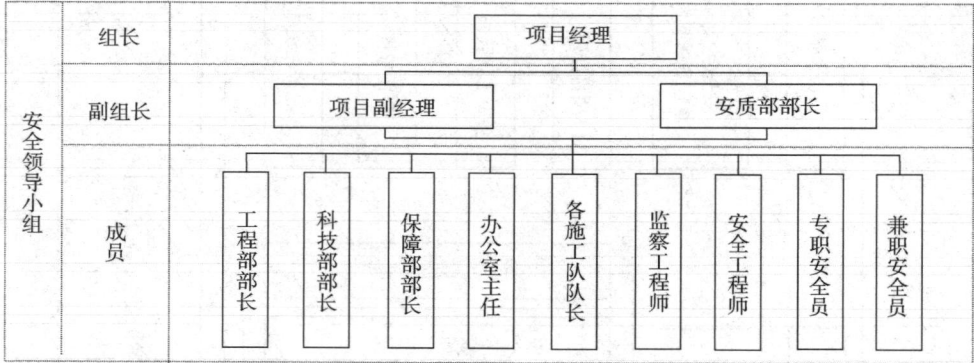

图3-6　安全领导小组框图

（4）思想保证:工程开工前,对所有参加工程施工人员进行安全生产教育,组织学习有关施工安全的各项管理办法、规定等。施工负责人及应具备必需的施工安全知识,安全员、防护员和工班长必须经过培训考试合格后,持证上岗。同时,在施工过程中,结合开展安全活动日和三工教学活动,坚持每周不少于2 h的安全教育,由安全工程师及安全员结合施工项目,讲授安全技术课,从思想上提高全员的安全意识。

（5）安全生产责任制:建立健全各级各部门的安全生产责任制,责任落实到人。各项经济承包有明确的安全指标和包括奖惩办法在内的保证措施。建立安全风险抵押金制度,项目经理部将预留一定额度的安全风险抵押金。对于安全事故责任者,除按有关规定接受惩罚外,还将扣除安全风险抵押金。

（6）特殊工种持证上岗作业制度:对于专职安全员、班组长,以及从事特种作业的架子工、钢筋工、起重工、电气焊工、电工、场内机动车辆驾驶员等,必须严格按照《特种作业人员安全技术培训考核管理规定》进行安全教育、考核、复验,经过培训考试合格获取操作证后才能持证上岗。对已取得上岗证者,要进行登记存档,特种作业操作证必须按期复审,不得超期使用,名册应齐全。

（7）施工方案逐级审批制度:所有项目在开工前,必须逐级上报施工方案,包括施工组织指挥人员的资历、能力,以及施工组织方案、安全保证措施。施工方案经监理、甲方的逐级审核和审查,并逐级签认,最后经甲方批准后方可开工。

对于土石方工程、脚手架工程、模板工程、施工用电等安全重点防范工程,结合现场和实际情况,单独编制安全技术方案。

（8）安全技术措施制度:项目经理部、施工队在编制施工组织计划、制定施工方案和下达施工计划时,必须同时制定和下达施工安全技术措施。无安全技术措施,不准进行施工。

(9)安全生产检查制度:

①开工前的安全检查。主要内容包括:施工组织设计是否有安全措施,施工机械设备是否配齐安全防护装置,安全防护装置是否符合要求,施工人员是否经过安全教育和培训,施工安全责任制是否建立,施工中潜在事故和紧急情况是否有应急预案等。

②定期安全生产检查。每月组织安全生产检查,积极配合上级进行专项和重点检查,班组每日进行自检、互检、交接班检查。

③经常性的安全检查。安全工程师、安全员日常巡回安全检查。检查重点为土石方施工,危爆物品管理,施工用电,机械设备,模板工程,高处作业,龙门架等。

④专业性的安全检查。需要对施工现场的特种作业安全、现场的施工技术安全,以及现场大中型设备的使用、运转、维修进行检查。

⑤落实好季节性、节假日安全生产专项检查制度。

10. 施工环保、水土保持措施

(1)施工环保、水土保持目标

实现防治环境污染与生态破坏的措施与桥梁建设工程同时设计、同时施工、同时投产。各项排放指标满足国家环保、水保部门的有关规定。

坚持做到"少破坏、多保护,少扰动、多防护,少污染、多防治"。使环境保护监控项目与监控结果达到设计文件及有关规定要求。教育培训率100%,贯彻执行率和覆盖率达100%。

(2)施工环保、水土保持保证体系

结合工程所在地环境保护、水土保持特点和工程建设施工的实际,搞好工程施工过程中的环境保护和水土保持工作,实现施工环保、水土保持目标,建立完善的工程施工环保、水土保持保证体系,全方位保证环保工作的正常开展,完善的环保体系是衡量本工程施工整体质量水平的重要标志。

(3)大气污染防治措施

加强施工机械设备的维护保养,减少排放废气以减少对大气的污染。

进入现场的各种车辆的尾气排放均须达到排放标准并经有关部门检验合格。

禁止在施工现场熔化沥青或焚烧油毡、油漆及其他会产生有害烟尘、恶臭气体的物质,有毒有害的废弃物不得用于回填,不得污染施工现场。

生活区及生产区均严禁使用煤作为燃烧材料进行炊事、烧水和取暖。热水供应采用电热炉,食堂采用清洁燃料,如天然气、液化气。

(4)粉尘污染防治措施

对施工现场和运输便道等易产生粉尘的地段定时进行洒水降尘,定期清洗施工机械车辆,使产生的粉尘危害减至最小程度。

易于产生粉尘的细料或松散料必须遮盖或适当洒水湿润。运输时必须用帆布、盖套或类似遮盖物覆盖;同时,砂子、石子运输车辆封闭,堆放均采用封闭式料仓。装卸时注意轻装轻放,严禁扔摔,以免包装破损,运至现场后一律在库内保存。运转时有粉尘产生的施工场地,如水泥混凝土拌和站(场)、灰土拌和场等必须配有防尘设备等。

(5)噪声污染防治

在施工期间,严格执行《中华人民共和国噪声污染防治法》和《建筑施工场界环境噪声排放标准》(GB 12523—2011)中的有关规定,施工机械尽量避免夜间扰民施工,使噪声等污染对周围环境的影响降到最低程度。

合理安排工作人员轮流操作机械。穿插安排低噪声工作,减少高噪声工作时间,并配有耳塞。加工棚采取封闭处理,并利用吸音措施降低噪声,同时注重机械保养,降低噪声。

合理安排施工作业时间,在人口聚集区尽量降低夜间车辆出入频率,在夜间不安排爆破及噪声大的机械设备施工。

货场料库、生产房屋和振动设备等位置远离居住地。

机械运输车辆途经居住地时减速慢行,不鸣笛。控制机械布置的密度,拉开一定空间,减少噪声叠加。

(6)固体废物处理

施工期间的固体废物,按照《中华人民共和国固体废物污染环境防治法》和当地有关规定,与当地环保和水保部门协商妥善处理,避免造成新的污染源。

生活垃圾、施工遗弃物应集中堆放,并装运至指定的垃圾处理厂处理,不得随意丢弃堆放,造成新的污染源。

对有害物质(如染料、油料、废旧材料和生产垃圾等)经处理后运至当地环保部门所指定的地点进行掩埋,防止泄漏、腐蚀对生态资源造成破坏。

11. 文明施工

(1)文明施工目标。现场布局合理,环境整洁,物流有序,标识醒目,达到"一通、二无、三整齐、四清洁、五不漏"。施工现场办公地点搭建彩钢板房,并进行道路硬化。创建文明工地。

(2)文明施工保证措施。加强工程施工现场的管理,真正把"文明"二字贯穿于整个项目施工管理过程之中,争创一流文明工地,树立一流企业形象,增强企业信誉。

(3)制定目标。明确创建一流文明工地的施工目标,加强职工教育,强化职工文明施工意识,提高文明施工水平。结合本工程的特点和施工现场的实际情况做好现场文明施工设计,确保创建一流文明工地目标的实现。

任务4　桥面系及附属工程施工

一、学习目标

能进行支座、伸缩装置安装,桥面防水设置,桥面铺装施工,进行人行道板、护栏、灯柱安装,组织进行竣工验收。能按照施工图,合理地选择桥梁桥面系与附属工程施工方法,理解施工工艺,能进行桥梁工程桥面系与附属工程施工方案编制。桥面系如图4-1所示。

二、学习情境描述

典型工程HX-01小桥设计中心桩号为K332+238,跨越克里河。桥面铺装采用8 cm AC-16沥青聚酯纤维混凝土+粘层+2 cm沥青砂(应力吸收层)+10 cm C50抗渗抗冻聚丙烯纤维混凝土(在水泥混凝土中掺入防水剂和聚丙烯纤维),搭板顶铺装采用8 cm AC-16沥青聚酯纤维混凝土+粘层+2 cm沥青砂(应力吸收层)。防水混凝土采用QBZ-B1型防水剂,掺入量为混凝土中水泥质量的3.8%,防水混凝土抗渗等级不低于W4。桥面铺装上层8 cm中掺入聚酯纤维,单位沥青混凝土聚酯纤维用量为6 kg/m³。在10 cm抗冻抗渗混凝土中掺入聚丙烯纤维,单位混凝土聚丙烯纤维用量为0.8 kg/m³。

三、学习任务

通过教学情境,能进行支座安装、伸缩装置施工;能进行桥面防水设置及施工;能进行桥面铺装施工;能进行人行道板、护栏、灯柱安装;组织进行竣工验收。工程施工任务单如表4-1所示。

图 4-1　桥面系

表4-1　桥梁桥面系与附属工程施工技术交底任务单

施工班组		组长		日期	
施工任务:典型工程 HX-01 小桥桥面系与附属工程施工技术交底					
意见					
签章					

四、任务分组

表 4 - 2　学习任务分配表

班级：　　　　　　组长：　　　　　　组号：　　　　　　学号：

组员	分工
组员 1	
组员 2	
组员 3	
组员 4	
组员 5	
组员 6	
指导教师	
评语	

五、引导问题

引导问题 1：桥面铺装类型有哪些？

引导问题2:各种桥梁附属结构有哪些内容?（至少完成梁桥、悬索桥、斜拉桥、拱桥的附属结构）

引导问题3:支座安装施工流程有哪些?需要哪些材料?需要哪些设备机具?

引导问题4:伸缩缝安装施工流程有哪些?需要哪些材料?需要哪些设备机具?

引导问题 5：桥头搭板施工流程有哪些？需要哪些材料？需要哪些设备机具？

引导问题 6：锥坡、河底铺砌、导流设施施工流程有哪些？需要哪些材料？需要哪些设备机具？

六、进行策划

由教师带领学生对桥梁桥面铺装与附属工程施工方法进行确定，检查施工前任务准备，确定施工方法，桥面铺装与附属工程施工技术方案的工序流程如表 4 - 3 所示，所需主要机械设备清单如表 4 - 4 所示。

表4-3 桥面铺装与附属工程施工技术方案的工序流程

步骤	具体工作内容	负责人

表4-4 所需主要机械设备清单

序号	名称	型号与规格	单位	数量	备注

　　材料进场验收:由教师和学生分别模拟施工单位和项目监理机构填写材料进场验收记录模拟表,如表4-5所示。

表4-5 主要材料进场验收记录模拟表

材料品种		编号	
进场日期		规格	
进场数量		出厂批号	

验收情况

材料名称: 材料品种:

型号: 生产厂家:

出厂日期:

施工单位(组长)检查意见:

质检员: 材料员: 年   月   日

项目监理机构(教师)验收意见:

专业监理工程师(教师):   年   月   日

注:本表由施工单位填写,项目监理机构验收合格后,作为质量证明资料,由施工单位保存。

七、工作实施

图纸中支座及桥面系、附属工程的施工工艺与工程内容技术交底（包括人材机种类、数量）。

延伸任务:按照以上过程完成典型工程 HZ-01 中桥桥面系与附属工程施工技术方案。

八、评价反馈

各组代表展示作品,介绍任务的完成过程。作品展示前准备:准备阐述材料,填写阐述项目表,并完成下列评价表——表4-6、表4-7、表4-8。

表4-6　学生自评表

评价项目	自我评价
任务是否按计划时间完成	
相关理论完成情况	
技能训练情况	
任务完成情况	
材料上交情况	
收获	

表4-7　小组互评、教师评价表

序号	评价项目	小组互评	教师评价	总评
1	任务是否按时完成			
2	材料完成上交情况			
3	作品质量			
4	语言表达能力			
5	小组成员合作面貌			
6	创新点			

表4-8　桥梁桥面铺装与附属工程施工学习任务评价表

序号	项目	评分标准	满分	评价			综合得分
				自评	互评	师评	

九、桥梁桥面系和附属工程施工方案案例

（一）编制说明

1.编制依据

（1）《×××至×××公路×××合同段施工合同》。

（2）《×××至×××公路两阶段施工图设计》。

（3）《×××至×××公路×××合同段施工组织设计》。

（4）《公路工程质量检验评定标准》（JTG F80/1—2017）。

（5）《公路桥涵施工技术规范》（JTG/T 3650—2020）。

（6）《公路工程施工安全技术规范》（JTG F90—2015）。

（7）甲方及监理机构有关文件要求。

（8）公司现有技术装备、队伍实力及承建类似工程的施工技术和经验。

（9）现场勘查、调查资料。

2.编制原则

（1）强制性、规范性原则

①严格遵循招标文件（含补遗书）和合同条款的要求。

②严格执行设计图纸、施工技术规范和质量验收标准。

③严格执行"双标管理"要求。

（2）安全至上、质量全优原则

①在桥梁桥面系施工过程中，认真落实全面安全管理政策，依靠可靠的技术、得力的措施，确保施工方案实施的安全性。

②加强管理，全面贯彻执行质量体系标准，积极推广"四新"技术，坚持先进性、科学性与实际情况相结合，确保工程优质完成。

（3）确保工期的原则

根据项目总体工期要求，结合桥梁桥面系和附属工程的工程特点，编制科学合理的施工方案和进度计划，制定严格的制度措施，并通过实施过程中方案的不断优化和计划的灵活调整，以及施工过程中的有序管理来确保工期。

（4）管理有序、科学配置原则

通过对施工方案、方法、计划安排中资源（劳动力、材料、机具、资金）的优化配置，以及全过程的施工管理中反馈信息的优化处置，实现工期、质量、安全、文明施工和经济效益的最佳目标与效果。

3. 编制范围

×××至×××公路×××合同段桥梁桥面系和附属工程施工。

(二)工程概况

1. 工程简介

本工程为×××至×××公路×××合同段,位于×××市×××镇境内。本标段共1座桥梁。本项目桥梁总体、桥面系和附属工程主要包括内容:横隔板与湿接缝现浇、调平层现浇、桥面铺装层现浇、防撞护栏施工、伸缩缝安装、桥面排水施工等。

2. 施工准备

①实验室按照要求完成混凝土等的标准试验,并经过监理工程师的抽检。
②施工的人员、机械均已到位。
③组织项目部有关施工管理人员和技术人员学习施工图纸、施工规范、合同文件以及有关施工的技术文件。做好施工图纸及设计说明会审工作,对项目部施工人员及技术人员、现场施工人员、特种作业人员进行逐级技术交底,并认真执行各项施工技术规范。

(三)施工计划

1. 施工进度安排原则

(1)结合工程量的具体分布特点,符合甲方对本标段工程总工期要求。
(2)根据施工队伍的实力,经济合理地进行施工安排。
(3)选择先进、合理、安全、可靠的施工方案,同时使工程的重点部位优先开工。

2. 施工组织进度计划

按照合同工期要求,桥面铺装层及防撞护栏工程自2023年12月20日开始,2024年12月20日结束,计划工期365 d。

3. 施工人员、机械安排

拟投入本工程的施工队伍均由本单位近年来参加过类似工程项目施工,且具有丰富施工经验和管理经验的工程管理人员、技术人员和技术工人组成。现场所有施工人员(包括劳务人员)均在岗前进行所在岗位和工序的应知应会教育。质量检查活动中对现场人员岗位职责、工序的应知应会知识进行检查。各级工程管理人员、施工技术人员及质量、安全负责人均持证上岗。

（1）人力资源配置

项目部管理人员：根据桥梁桥面系和附属工程实际情况和本单位以往施工经验，本项目部投入一批现场工作经验丰富、业务能力强、技术过硬的专业技术人员。

（2）劳务人员的投入

工程计划安排2个施工队，各下设2个钢筋加工班组，2个模板施工班组，2个混凝土施工班组，计划投入现场施工人员详见表4-9。

表4-9　现场劳务人员一览表

序号	施工班组	岗位职能	人数	备注
1	钢筋加工	钢筋安装	16	
2	模板施工	模板安装、拆除	10	
3	混凝土施工	混凝土浇筑	18	
4	机械操作	混凝土运输等	9	

（3）机械设备

机械设备见表4-10。

表4-10　机械设备表

用途	设备名称
混凝土机具	混凝土搅拌站（HZS90型）、插入式振捣器、平板振捣器等
钢筋机具	弯曲机、切断机、撬棍等
模板	组合钢模板、双面胶带、钢卷尺、垂球、料斗等
机械	装载机、板车、吊车、混凝土输送泵车、混凝土输送泵等

（4）材料组织

桥梁桥面系和附属工程所需用的主要物资，如水泥、碎石、砂、外加剂、钢材以及其他对工程质量有重要影响的物资均由项目部统一采购。开工前和施工过程中编制年度和分阶段材料需用计划，保证材料及时供应。水泥运至拌和站水泥罐存储，碎石、砂等地材运至拌和站料仓存放，其他材料也要集中妥善保管，防止材料受潮、受污染，所有材料经检验合格后方可用于施工。

①混凝土

C30混凝土：防撞护栏。

C40混凝土：桥面铺装层。

②普通钢筋

桥面铺装及防撞护栏所需普通钢筋均采用 HPB300、HRB400 钢筋。

（四）施工工艺及操作要点

1. 总体施工方案及流程

（1）总体施工方案

为加快桥梁施工进度，避免与其他工序施工相互干扰，桥面系和附属工程拟采用单幅桥面铺装施工、单幅梁板架设通行的原则。互通立交主线跨线桥桥面宽度为 12.5 m，采用每次桥面铺装宽度 11.5 m 进行施工。调平层、桥面铺装层钢筋网片采用 10 cm×10 cm 规格，混凝土采用拌和站集中拌和，混凝土运输车运至现场，施工配以输送泵浇筑，振捣采用平板振捣器施工，人工拉毛，土工布覆盖养生。

（2）施工顺序

施工准备→横隔梁现浇部分和湿接缝施工→调平层现浇或桥面铺装→桥面排水施工→伸缩缝安装。

2. 施工工艺及操作要点

（1）横隔梁现浇部分和湿接缝施工

桥面现浇层施工前，应首先进行横隔梁现浇部分和湿接缝的施工。湿接缝、横隔梁现浇部分的混凝土浇筑采用竹胶板为模板，并采用对拉杆加固，确保模板拼缝严密，不漏浆。现浇混凝土标号（C50）与主梁相同，浇筑过程中确保混凝土振捣密实，浇筑后采用土工布覆盖并洒水养生。应合理考虑湿接缝、横隔梁的浇筑顺序，避免出现过多的施工接缝。

①凿毛

在预制箱梁时，已经进行凿毛处理了，在检查时如个别箱梁凿毛不到位可进行补凿，确保湿接缝混凝土与箱梁混凝土的良好结合。

②洒水清洗润湿

将残留在箱梁两侧的混凝土渣块洒水清洗掉，并将其润湿，使混凝土能很好结合。

③模板安装

湿接缝和横隔梁现浇部分采用预制挂模施工，用对拉杆穿过模板（要确保对拉杆和模板间缝隙的密实性，以防漏浆），底板用蝴蝶扣卡住，在箱梁顶面用 φ25 mm 钢筋或 φ48 mm 钢管将底模紧紧挂起，确保模板与箱梁底紧紧相连，不漏浆，侧模则与梁端紧密相连。

④钢筋安装

在运梁与架梁过程中，部分湿接缝环形钢筋难免受到碰撞产生变形，因此在施工前应对湿接缝环形钢筋进行适当的调整,再按照设计图安装钢筋。

⑤混凝土浇筑

根据设计图纸,湿接缝和横隔梁现浇部分采用 C50 混凝土浇筑,在浇筑混凝土的过程中,宜采用小直径插入式振捣器进行振捣,确保浇筑混凝土密实饱满,在振捣过程中,插入深度应以防止碰到底模为宜,避免产生漏浆现象。

⑥拆模

因为底模采用挂模施工,当混凝土强度达到规定强度后,即可拆模。将露在混凝土外面的蝴蝶扣和对拉杆松开,取下底模即可。

⑦混凝土的养生

混凝土施工完毕,为防止早期收缩裂纹出现,在振实收平拉毛且混凝土初凝后,用土工布覆盖洒水养生。

(2)桥面现浇层施工

①施工工艺流程

清理桥面杂物,调平梁板顶面预埋钢筋→清洗桥面→测量放样→铺设、绑扎钢筋网片→安装振捣梁行走轨道→支垫钢筋网片→混凝土浇筑→混凝土摊铺整平→抹面→拉毛→养生,桥面现浇层主要施工流程如图 4-2 所示。

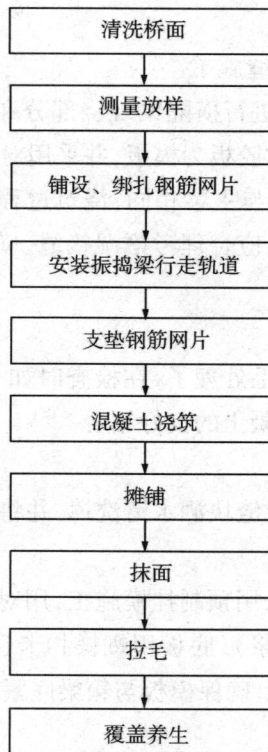

清洗桥面

↓

测量放样

↓

铺设、绑扎钢筋网片

↓

安装振捣梁行走轨道

↓

支垫钢筋网片

↓

混凝土浇筑

↓

摊铺

↓

抹面

↓

拉毛

↓

覆盖养生

图 4-2　施工流程

②施工方法

本标段桥面现浇层(调平层或桥面铺装层)采用 10 cm 厚 C40 钢筋混凝土,采用分段施工,以伸缩缝为界,桥面施工宜避开雨季,施工中如遇雨水应立即停止施工,在消除雨水带来的危害后方可重新施工。

A. 清理桥面杂物

凿除浮渣、浮浆,清除泥土、石粉等杂物,并用高压水枪冲洗干净,恢复梁面预埋筋。

B. 施工桥面铺装控制标高带

根据里程控制点,直线段按照 10 m、曲线段按照 5 m 间距放出每一跨左右边线,测出各点梁面的标高,计算铺装层厚度,按照计算结果安装标高带,标高带安装完成后,复核标高带各点标高,并检查其稳定性。

C. 铺设钢筋网片

绑扎钢筋网片前须先在梁顶面进行划线,然后铺设绑扎钢筋网片,钢筋网片应做到横平竖直,钢筋网片交叉点采用扎丝绑扎结实,除伸缩缝处钢筋网片需要断开外,其他部位按照 45d 搭接长度施工。扎丝为梅花形布置,钢筋接头应注意错开布设。钢筋网片采用垫块进行支垫或模板架立筋与钢筋网焊接,利用两边已安装好的轨道拉线控制钢筋网片顶面标高,确保钢筋网片保护层厚度,垫块为梅花形布置,为保证钢筋网片表面刚度,垫块宜适当加密。

D. 混凝土摊铺和振捣

混凝土浇筑前,先用高压水枪将桥面杂物再次清除干净。对梁体表面进行充分润湿。混凝土浇筑要连续,从下坡向上坡方向进行,桥面混凝土铺装宜避开高温时段及大风雨水天气。摊铺时,要比标高带高度略高。混凝土振捣时,先采用插入式振捣器振捣,使骨料均匀分布,一次插入振捣时间不宜少于 20 s,然后采用平板振捣器纵横交错全面振捣,最后采用振捣梁沿轨道进行全幅振捣,直至振捣密实。振捣梁操作时,设专人控制振动行驶速度、铲料和填料,确保铺装面饱满、密实及表面平整。

E. 人工抹面

整平压实后,人工用方钢刮平,保证表面的平整度,同时对浮浆进行及时处理,以免造成露骨现象。刮平后用木抹子粗找平,并在混凝土有一定强度后用抹光机再次抹面,抹面过程中严禁洒水。

F. 桥面拉毛

在混凝土表面初凝前、二次收面后,用硬质扫帚或其他拉毛工具在表面进行横向拉毛,拉毛应保证线条顺直、均匀。

G. 混凝土养护

拉毛完成后,及时覆盖土工布洒水进行养护,使混凝土长期保持湿润状态,养护期不少于 7 d。桥面现浇层混凝土强度未达到设计的 80% 以上时,严禁任何车辆通过。

（3）防撞护栏施工方法

①施工工艺流程

施工准备→测量放样→预埋件调整→护栏钢筋制作与安装→护栏模板安装→浇筑护栏混凝土→拆除模板→土工布覆盖洒水养生。防撞护栏主要施工工艺流程见图4-3。

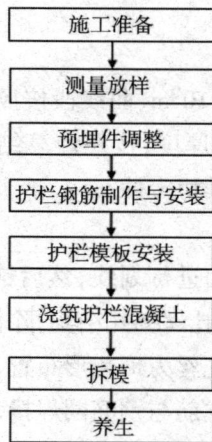

```
施工准备
  ↓
测量放样
  ↓
预埋件调整
  ↓
护栏钢筋制作与安装
  ↓
护栏模板安装
  ↓
浇筑护栏混凝土
  ↓
拆模
  ↓
养生
```

图4-3　防撞护栏主要施工工艺流程图

②施工方法

A. 施工准备：清除杂物，凿除表面浮浆层，用清水冲洗干净。

B. 测量放样：对护栏进行放样，画出其内边线，根据线形进行微调，确保护栏线形顺畅。护栏的高程以桥面铺装层作为基准面控制，在此之前，应对边部桥面铺装层进行检验，保证竖直度，确保顶面高程。

C. 钢筋的制作与安装：钢筋的骨架按设计要求制作，并与梁面预埋筋连接。安装时，应根据放样点拉线调整钢筋位置，确保保护层。

D. 护栏模板的安装：模板加工按机械制造的工艺进行，制作好的模板进行试拼编号，对于有错台和平整度不符合要求的要及时整改，合格后方可使用。

E. 混凝土施工：混凝土应经试验取得外观最佳的配合比后方可用于护栏施工，混凝土浇筑采用整体浇筑的方法。浇筑时振动棒要快插、慢拔，以便使气泡充分逸出。振动棒要插入已振完下层混凝土5 cm，插点要均匀排列，顺序进行，并掌握好振捣时间，一般每插点为30 s左右，以混凝土表面平坦泛浆，不出现气泡为准。严禁过振，避免混凝土表面出现鱼鳞纹、流沙、泌水现象而影响外观。振捣时严禁碰触模板，以免模板损伤影响外观质量。

F. 模板的拆除：模板拆除要避免破坏混凝土面和棱角。模板拆除后要及时进行整修,保洁。

G. 养生:土工布覆盖,洒水养护。

(4)伸缩缝安装

①本工程伸缩缝采用 D80 型伸缩缝,伸缩装置产品由具有相应资质的专业厂家制造,伸缩装置的材料及其成品的技术要求应符合交通行业标准《公路桥梁伸缩装置通用技术条件》(JT/T 327—2016)的有关规定。依据标准第 5.3 条,异型钢材单位重应满足:中梁钢不小于 36 kg/m,边梁钢不小于 19 kg/m,单缝钢不小于 12 kg/m。

②根据伸缩装置的安装宽度,设计桥梁接缝处的槽口尺寸和伸缩装置连接所需的预埋件及其位置。

③伸缩缝安装应避开高温天气进行,一般为 15～25 ℃安装较为适宜。

④伸缩装置安装预留槽采用 C50 钢纤维混凝土浇筑,钢纤维含量为 60～70 kg/m^3;与路面抹平,应高于伸缩装置顶面 3 mm 左右,任何情况下均不低于伸缩缝顶面。钢纤维抗拉强度≥600 MPa,长度为 25～35 mm。

(5)防水层施工

防水粘结层在调平层与混凝土桥面铺装层之间。

①施工工艺

清理基层→吹风除尘→重点部位处理→喷涂多遍防水层。

②施工方法

A. 首先清扫桥面,并用吹风机吹尽表面尘土,必要时用高压水枪冲洗,确保混凝土桥面表面清洁,待风干后进行防水涂料施工,对于局部潮湿的桥面用喷灯烘干后涂刷。

B. 桥面防水粘结层应覆盖整个桥面,涂刷涂料时应仔细认真,无缺陷、无贯通气眼、无脱离起皮,表面平整,具有一定的粗糙度。

C. 防水层通过伸缩缝或沉降缝重点部位,应按照设计规定铺设。

(6)桥面排水施工

①本标段桥面排水采用管排式,竖向泄水孔在桥面靠近防撞栏内侧设置,间距根据桥面宽度、纵坡、横坡及降雨强度综合考虑,一般取 4～5 m。凹曲线前后 10 m 内且合成坡度不超过 0.5%的路段需要加密至 3 m。

②泄水管材料一般采用 φ15 cm 的 PVC 管,相应配件与之配套,从桥面接入纵向排水管,最后沿桥墩竖向泄水管将桥面雨水引入地面排水沟。

③弯头与排水管、集水斗间必须粘结,施工中应做好防漏措施,严防垃圾及混凝土落入集水井和排水沟中。

④定位箍、螺栓等具有防腐蚀性。

（五）质量、安全、环保措施

1. 质量保证措施

（1）质量管理组织机构和质量保证体系

有效运行监理工程师批复的质量管理组织机构和质量保证体系。

（2）质量管理目标及创优规划

①质量管理目标

合同段工程交工验收的质量评定：合格且发包人评分90分以上；竣工验收的质量评定：优良。

②创优规划

严格按照招标文件及甲方的要求积极推行"双标管理"（标准化管理、标杆管理），提高工程质量和施工管理水平，打造标杆工程，确保实现"优质精品工程"的目标。

（3）质量保证措施

①建立班组自检、现场专职质检员自检和经理部专职质检工程师自检的三级自检制度，坚持自检、互检和专检相结合的三检制，并接受监理工程师质量检查和社会质量监督。

②材料质量监控。

原材料进场前实行严格检验，以确定供应商供货品质；进场后按频率及时检测，不符合国家标准及技术规范的材料及时清理出场，决不使用。

③施工过程质量的监控。

按照技术规范的要求，对整个施工过程的质量进行监控，通过"跟踪检测"来实行。现场技术干部自检合格，经质检工程师"复检"和"抽检"合格后，报监理工程师检测，经监理工程师检测合格后方可进行下道工序施工。

④验收检测在项目部内部分两级进行，先由专业工程师进行全面检测，而后项目部质检工程师进行"复检"或"抽检"，确认合格后，报监理工程师验收。

⑤首件工程认可制。

根据相关要求，实行"首件工程认可制"。质量管理，样板先行，各分项工程必须进行首件验收及总结后方可展开大面积施工。

⑥各种检测仪器、仪表均按照《中华人民共和国计量法》的规定进行定期或不定期的标定。测量资料需换手复核，现场相关测量标记须定期复核检测，要对测量的中线严格执行双检制，各种测量资料收集要及时、齐全，保证资料均从现场取得。

⑦加强质量教育和培训，对参建人员进行质量教育，提高质量意识。

⑧质量验收标准。

桥梁桥面系构造质量标准参见《公路工程质量检验评定标准》（JTG F80/1—

2017)相关规定,如表4-11、表4-12所示。

表4-11　桥面铺装实测项目

项次	检查项目			规定值或允许偏差		检查方法和频率	权值
1△	强度或压实度			在合格标准内		按附录B或D检查	3
2△	厚度/mm			+10,-5		对比桥面浇筑前后标高检查;每100 m测5处	2
3△	平整度			沥青混凝土	水泥混凝土	平整度仪;全桥每车道连续检测,每100 m计算IRI或σ	2
	高速公路、一级公路	IRI/(m·km⁻¹)		≤2.0	≤2.2		
		σ/mm		≤1.2	≤1.32		
	其他公路	IRI/(m·km⁻¹)		≤4.2	≤3.3		
		σ/mm		≤2.5	≤2.0		
		最大间隙h/mm		≤5	≤5	3 m直尺;每100 m测3处×3尺	
4	横坡	高速公路、一级公路		±0.3%	±0.15%	水准仪;每100 m检查3个断面	1
		其他公路		±0.5%	±0.25%		
5	抗滑构造深度/mm			符合设计要求		铺砂法;每200 m测3处	1

注:本表中附录B或D请参考《公路工程质量检验评定标准》(JTG F80/1—2017)。

表4-12　混凝土防撞栏浇筑实测项目

项次	检查项目	规定值或允许偏差	检查方法和频率	权值
1△	混凝土强度/MPa	在合格标准内	按附录D检查	3
2	平面偏位/mm	≤4	全站仪、钢尺;每道护拦每200 m测5处	2
3△	断面尺寸/mm	±5	尺量;每道护拦每200 m测5处	2
4	竖直度/mm	≤4	铅锤法;每道护拦每200 m测5处	1
5	预埋件位置/mm	≤5	尺量;每件	1

注:本表中附录D请参考《公路工程质量检验评定标准》(JTG F80/1—2017)。

2.安全保证措施

(1)安全生产组织机构和安全保证体系

①安全生产组织机构

有效运行监理工程师批复的安全生产组织机构,按该机构分工开展工作,确保人员配置和资质符合要求,各项施工与管理措施符合安全生产法律法规和项目管理要求。

②安全保证体系

有效运行监理工程师批复的安全保证体系,做到思想保证、组织保证和技术保证,确保施工生产安全。

(2)安全管理制度

结合本标段的工程特点,制定具有针对性的各项安全管理规章制度。施工中做到各项工作有章可循,主要包括以下内容:安全事故申报制度,安全生产责任制度,机械设备安全管理制度,安全教育培训制度,特殊工种持证上岗作业制度,安全检查制度,安全评比制度,跨越既有公路施工安全管理制度,施工现场保安管理制度,用电安全制度,防洪、防火、防风的安全专项规定,各种安全标志的设置及维护制度,高空作业安全管理制度。

(3)安全保障措施

①一般要求

A.开工前,必须做好安全技术交底工作,把安全责任落实到人;施工必须按照安全操作规程做好安全工作,特殊工种必须持证上岗。

B.施工现场采用封闭施工,禁止非施工人员进入施工现场,并在显眼位置设置安全文明施工标牌、条幅。施工人员进入施工现场必须佩戴安全帽,特种作业人员在施工作业时,应正确佩戴和使用劳动防护用品。

C.施工机械的使用必须严格遵守《建筑机械使用安全技术规程》(JGJ 33—2012)的有关规定,并按各种机械的使用要求和有关规定进行保养及维修。所有机电设备实行专人负责操作。

D.所有用电设备必须安装漏电保护装置,保证一机一闸一箱一漏,漏电开关采用二级以上设置,实行三相五线制。电箱和机具采用黄绿双色线进行接零保护,禁止随意接电缆或电线。

E.起重作业时要有专人统一指挥密切配合,操作前对各种工具、设备、钢丝绳等进行仔细检查,并进行试运转。起吊驾驶员应根据指挥人员的指挥作业,严禁在起重作业半径内站人,并应注意保持与周围建筑物、管线等有足够的安全距离。

②安全控制要点

A.作业人员穿越中分带时应走专用通道,不得跨越左右幅间空隙。

B.护栏施工过程中,严禁在高处直接向下抛物;施工结束后应及时做好作业面的清场工作。

C.桥面临时用电,严格按照"三级配电、两级保护"及"一机一闸一箱一漏"的要求落实。

D.桥面材料及机械设备的堆放,必须进行规划,并报监理工程师审批,堆放处应进行安全围蔽和设立警示标志,严禁乱堆乱放。

E.各工序施工结束后,应及时做好作业面的清场工作。

F.桥头两端设警示标志、栅栏,非施工人员严禁入内。

G.桥面应按规定做好临边防护,防护栏杆的高度不小于1.2 m,栏杆上设置密目式安全网、"当心坠落"等警告标志,桥下有人、车通行处应设置挡脚板。

H.在面层施工前需要临时通车的,伸缩缝位置应采用钢板覆盖或用土工布包裹混凝土封闭等措施,以便通行。

I.防撞护栏施工应采用"移动工作架",满足安装模板、浇筑混凝土工作人员安全防护的需要;特长桥梁可采用混凝土护栏滑模施工。

J.防撞护栏施工过程中,桥梁下方有人、车通过时,桥下应设警戒区,在适当位置设置"施工重地,闲人免进""当心落物"等警告标志,施工时设专人监护。

K.桥面伸缩缝安装应分左、右半幅交替封闭施工,并设置安全警示及交通指引标志。

L.桥梁内防撞护栏施工完成后,宜设置专用安全通道,以供作业人员通行。

M.桥面焊接作业时,对于防火要求较高的地区应采取有针对性的防火措施。

③夜间施工安全管理措施

为保证施工进度,合理安排夜间施工的项目,夜间施工将采取以下措施,确保工程质量和安全。

A.建立夜间值班制度,做好周密的组织和技术交底,配备足够的资源,确保夜间施工顺利进行。

B.严格隐蔽工程检查签证制度,夜间必须进行隐蔽工程施工时,及时通知监理工程师到现场检查,并办理签证手续;未经监理工程师验收签证,不能进行下一道工序施工。

C.安装足够的照明设备,保证夜间施工有良好的照明条件。

D.做好夜间施工防护,在作业地点附近设置警示标志,悬挂红色灯,以提醒行人和司机注意,并安排专人看守。

E.制定台风季节安全管理措施与应急预案。

F.成立台风灾害防治应急领导小组,根据施工机械自身特点及现场条件,编制合理的防台风计划、方案,确定人员、设备防台避风地点。

G.加强职工防灾、减灾知识的宣传和培训,增强职工的防灾意识和自救互救能力。指定专人负责收集气象预报资料,做好大雨、台风等恶劣天气的预报工作。

H.台风灾害发生后,由台风灾害防治应急领导小组统一指挥和部署台风灾害的应急救援、抢险及善后工作。

I.台风来临前,应组织专项安全检查,对施工现场的临时用房、机械设备等的防风安全措施进行检查、加固,并检查人员、机械转移地点,必要时人员、重要资料应撤离。

J. 台风季节施工时,应定期对现场中大型设备的防雷接地、生活区临时用电进行检查;现场电缆、电线应检查、加固;台风暴雨期间不使用的电器设备应切断电源;现场所有松散的材料都要绑扎并锚固或者转移到安全区域;定期检查现场排水设施,保证现场排水畅通,防止因台风暴雨造成洪涝灾害;台风期间,落实主要负责人带班制度,发现险情及时按程序上报,必要时启动相应应急预案。

K. 台风暴雨过后,组织对现场特种施工设备、重要设施等进行复查,确认安全后,才能恢复使用继续施工。

3. 环境保护和文明施工保证措施

(1)环境保护和水土保持保证体系

在施工中履行各级职责,落实好各项环境保护保证措施,有效运转监理工程师批复的环境保护和水土保持保证体系。

(2)环境保护措施

严格执行《建筑施工场界环境噪声排放标准》(GB 12523—2011)规定,最大化地控制和降低施工机械和运输车辆造成的噪声污染。施工中产生的废弃油料、固体垃圾等,应按照有关的规定采取相应的处理措施。对出入施工场地的运输车辆采取冲洗或清理等措施,防止车辆夹带的泥、尘等污染环境。施工便道经常洒水,防止车辆通过时尘土飞扬。施工中做好地表的排水工作,通过设置排水沟及积水坑等,防止雨水冲刷施工场地。施工机械不得有滴漏油现象,禁止油污直接滴入地表,污染土壤。材料堆放整齐,废弃物及时清运,注重施工现场的卫生。

(3)文明施工保证措施

成立以项目经理为组长的现场文明施工领导小组,负责该工程的文明施工管理工作,并结合实际情况制定文明施工管理细则,并组织实施。加强宣传教育工作,提高管理人员及各施工班组文明施工的意识和自觉性,并定期对现场文明施工情况进行检查评比,找出不足,重点改进。严格执行《建筑施工安全检查标准》(JGJ 59—2011)及有关文明施工的规定,做好各项管理工作。在供排水方面,开工前按施工组织设计完成临时水管线的敷设,确保无滴漏和长流水现象,临时排水要按规定自成系统。外来工管理方面,项目部与班组长签订防火、治安、卫生责任状,落实宿舍管理责任。

机械设备管理规定,施工现场固定安装的机械设备基础部分不得积水,视不同的设备种类搭设适用、牢固的操作台和机棚,并在显眼处张挂公司统一的安全操作警示牌。施工现场流动安装的小型机具,要设置简易有效的临时防雨设施。各种施工机具要按规程进行保养,保持机容整洁。施工现场安装的各种机械设备进场前,机械表面应刷油漆翻新,保持机械设备清洁完整。制定保健急救措施,落实现场配置措施。开展"创文明工地,树立企业良好形象"活动。

学习情境 2

桥梁工程目标控制与管理

教学目标

通过教学活动,使学生具有桥梁工程目标控制与管理能力,同时培养学生良好的职业道德、自我学习能力、实践动手能力和耐心细致的管理能力,能够分析和处理问题的能力,以及团队合作、诚实、守信、善于沟通和吃苦耐劳的专业素养,使其能胜任桥梁工程目标控制与管理相关工作。

能力目标

能熟练识读桥梁工程施工图。

能按照施工图设计,合理地选择桥梁工程施工方法,理解施工工艺。

能独立完成典型工程施工目标控制与管理工作。

知识目标

掌握桥梁工程施工目标控制与管理工作的基本内容。

掌握桥梁工程施工目标控制与管理工作的基本方法。

素质目标

在教学过程中,注重对学生职业道德的培养,提高学生观察问题、分析问题和判断问题的能力,培养学生团队合作精神、严谨的工作作风、实事求是的工作态度,以及诚实、守信、善于沟通合作的优良品质,使其能胜任桥梁施工员技术工作。

课前可获取信息

1. 在线课"市政桥梁工程施工"(国家职业教育智慧教育平台)。

2. 施工图设计《典型工程 HX-01 小桥施工图设计》。

3. 施工图设计《典型工程 HZ-01 中桥施工图设计》。

4. 钢筋工程施工。

5. 模板工程施工。

6. 混凝土工程施工。

任务5 桥梁工程进度控制

一、学习目标

通过本任务的学习与训练,学生学会桥梁工程造价控制相关的施工前施工组织设计的编制与审批工作,施工中进度快慢调整等进度编制与控制工作。

二、学习情境描述

在典型工程 HX−01 小桥施工图设计项目中,完成施工前施工组织设计、施工中进度快慢调整等相关工作。首先了解桥梁工程进度控制涉及相关工作。然后根据下面给定资料进行进度控制相关工作。

以下为某公司对工程进度控制的规定。

（一）计划编制

项目经理组织项目管理人员结合本项目工程特点及甲方和公司相关要求制订项目总体施工计划,施工组织设计审批通过后,3 日内项目部根据项目的总体施工计划编制具有可操作性的年度施工进度计划,通过信息化平台报公司审批,并引用至项目综合管理主线。因特殊原因,年度施工进度计划需要调整时,项目部需重新上报审批。

（二）计划执行

项目部根据批复的年度施工进度计划,将其分解成旬计划、月计划。项目部须每月召开一次生产例会,总结本月完成情况,分析不足,布置下月生产计划,落实生产要素的配置,并做好会议记录。

（三）检查

项目总工程师负责检查旬计划及月计划完成情况,并认真填写《旬工程进度报表》及《月工程进度报表》,发起审批流程。公司工程技术部根据项目部的《旬工程进度报表》及《月工程进度报表》,发现主体工程进度偏差超过 30% 时,公司工程副总经理需委派工程技术部部长进驻项目施工现场,分析原因,指导施工。

（四）分析与纠偏

根据《旬工程进度报表》,公司工程技术部部长每月需要对比项目部每月的原因分析及纠偏措施,分析项目部的纠偏措施是否合理,进度是否得到有效纠偏,形成《项目部进度纠偏分析报告》,发起审批流程,并根据批示意见结合项目《月工程进度报表》,对项目部提出月施工进度调整意见。

三、学习任务

桥梁工程施工前、施工中关于进度控制的相关工作单如表 5 – 1 所示。

表 5-1　桥梁工程进度控制学习任务单

施工班组		组长		日期	
施工任务:完成桥梁施工前施工组织设计的编制与审批,施工中进度快慢调整等相关工作					
意见					
签章					

四、任务分组

表 5－2　学习任务分配表

班级：　　　　　　组长：　　　　　　组号：　　　　　　学号：

组员	分工
组员 1	
组员 2	
组员 3	
组员 4	
组员 5	
组员 6	
指导教师	
评语	

课前可获取信息：微课、网络。

五、引导问题

引导问题 1：桥梁工程进度控制包括哪些基本工作？

引导问题2:桥梁工程施工前关于进度控制的相关工作有哪些? 请分别写出。

引导问题3:桥梁工程施工前的施工组织设计由几项内容组成? 请详写编制的各项内容。

引导问题4:如何得到桥梁工程施工前的人工、材料、机械数量统计表?

引导问题5：桥梁施工中进度控制工作有哪些？

引导问题6：桥梁施工中进度快了或慢了该如何调整？

引导问题7：桥梁施工中合理的进度控制与哪些因素有关？

六、工作计划

按照收集的资讯和策划过程,制定典型工程 HX – 01 小桥施工组织设计,包括格式、内容及审批流程,以及施工中进度快慢调整方案的编制,填表 5 – 3 。

表 5 – 3　桥梁建设过程进度控制工作

步骤	控制工作	负责人

七、进行策划

检查桥梁工程施工组织设计任务准备,以及工作的主要流程。

八、工作实施

（一）需完成工作 1

典型工程 HX –01 小桥施工组织设计的编制与审批流程。

1. 小桥施工组织设计编制的准备工作。

2. 小桥施工组织设计的格式是如何确定的？

3. 小桥施工组织设计的内容是如何确定的？

4. 小桥施工组织设计的审批流程。

（二）需完成工作2

施工中进度快慢调整方案。

1. 桥梁工程施工进度比计划快是否需要调整？如果调整，需要考虑哪些因素？

2. 桥梁工程施工进度比计划慢是否需要调整？如果调整，需要考虑哪些因素？

3.按照施工组织设计安排,编制每月施工进度计划表。

延伸问题:在桥梁工程施工管理中,施工组织设计的作用是什么?

九、评价反馈

各组代表展示作品,介绍任务的完成过程。作品展示前准备:准备阐述材料,填写阐述项目表,并完成下列评价表——表5-4、表5-5、表5-6。

表5-4　学生自评表

评价项目	自我评价
任务是否按计划时间完成	
相关理论完成情况	
技能训练情况	
任务完成情况	
材料上交情况	
收获	

表 5 - 5　小组互评、教师评价表

序号	评价项目	小组互评	教师评价	总评
1	任务是否按时完成			
2	材料完成上交情况			
3	作品质量			
4	语言表达能力			
5	小组成员合作面貌			
6	创新点			

表 5 - 6　桥梁进度控制任务评价表

序号	项目	评分标准	满分	评价			综合得分
				自评	互评	师评	

十、桥梁工程进度控制案例【某施工企业对施工组织设计的编制规定】

施工组织设计作为指导施工各项活动的组织、技术、经济的纲领性文件,是"施工技术和施工思路"与施工现场管理有机结合的产物;是工程开工后,施工活动能有序、高效、科学、合理实施的保证。

为了使项目施工组织设计既满足公司"四标一体"的编制要求,又能起到真正指导施工的作用,为提高施工组织设计的编制质量,规范、统一施工组织设计的编制格式,特制定本规定。

（一）编制内容要求

1. 封面:项目全称: ＊ ＊ ＊ 工程建设项目、里程桩号、项目部名称(齐全),内封页要有编制人、审核人(项目经理)、审批人(中标单位总工程师)的签字和日期。

2. 目录:规范格式共分十六章,如甲方另有规定,可增加。目录的页码一定要与内容相对应。

3.主要内容:施工组织设计的内容要结合工程对象的实际特点、施工条件和技术水平进行综合考虑,具体包括工程概况、设计标准、沿线地质情况、地层情况描述、工程特点、工程结构与规模、主要工程量、建设、设计、施工、监理、质量安全监督单位。

（二）编制依据

依据要求齐全,包括设计图纸、招标文件、甲方规定、项目所在地的气象水文条件和地质条件、项目工程特点、公司综合施工能力和技术水平、规范、标准、试验规程、工程量清单、定额及预算编制办法、四个标准体系及程序文件、公司相关规定等,必须包含设计图纸、工程量清单、施工技术水平、质量检验评定标准、安全施工管理规范。

（三）指导思想和各项管理目标

包括质量、进度、安全、环境等目标。
要求:目标要根据本项目特点细化。

（四）施工组织

1.项目组织机构设置。
注意:组织机构框图中项目经理和项目书记并列,但财务部由项目经理直管。
2.人员及其职责划分。以表格形式表示。
3.施工段落及班组划分。
要求:附详细的路线平面布置图,把完成和剩余工程情况、工段及作业面划分、分项工程内容、工期安排等全部展现在图上,并配以简略文字说明,要形象直观反映出各分项工程的施工组织安排。
施工组织安排要求达到保证质量、加快进度、降低成本的目标。

（五）施工进度计划

1.文字说明部分:包括施工准备,各分项工程进度计划（分项工程工期、工程量、有效施工天数、日进度、人机配备等）。
2.进度计划表:采用网络图或横道图,并附必要的文字说明。
3.各项资源配置计划。分别以图表形式表示。
资金使用计划,劳动力使用计划,施工机械设备和检验试验、测量、监视装置的配置计划,主要原材料需用计划,检验试验计划表（包括施工过程和原材料两个表）等。

任务6　桥梁工程质量控制

一、学习目标

通过本任务的学习与训练,学生学会施工前、施工中、施工后桥梁工程质量控制。

二、学习情境描述

在典型工程 HX－01 小桥施工图设计项目中,完成施工前、施工中、施工后关于质量控制的相关工作。首先了解桥梁工程质量控制涉及相关工作。然后根据给定资料完成质量控制相关工作。

三、学习任务

桥梁工程施工前、施工中、施工后关于质量控制的相关工作单如表6－1所示。

表6-1 桥梁工程质量控制学习任务单

施工班组		组长		日期	
施工任务:完成桥梁工程施工前质量控制体系建立、原材料检测、标准配合比试验;施工中质量控制分工、工序,中期验收流程、缺陷处理;施工后关于质量验收与缺陷责任期的相关工作					
意见					
签章					

四、任务分组

表 6 - 2　学习任务分配表

班级：　　　　　组长：　　　　　组号：　　　　　学号：

组员	分工
组员 1	
组员 2	
组员 3	
组员 4	
组员 5	
组员 6	
指导教师	
评语	

五、引导问题

引导问题 1：桥梁工程质量控制包括哪些基本工作？

引导问题 2：桥梁工程施工前关于质量控制的相关工作有哪些？ 请分别写出。

引导问题 3：编制桥梁工程施工前的质量控制体系。

引导问题 4：编制桥梁工程施工前的原材料检测项目、标准配合比。

引导问题 5：桥梁工程施工中的质量控制流程。

引导问题6：桥梁工程施工中分项工程验收与隐蔽工程验收流程。

引导问题7：桥梁工程质量缺陷的处理。

引导问题8：桥梁工程竣工验收质量的相关工作有哪些？

引导问题9：缺陷责任期中与质量控制相关的工作有哪些？

六、工作计划

按照收集的资讯和策划过程，制订典型工程 HX-01 小桥工程质量控制相关工作的完成计划，计划包括方案、所需设备、操作工艺流程及技术交底，完成表6-3。

表6-3 桥梁质量控制工作工序流程

步骤	控制工作	负责人

七、进行策划

检查施工前任务准备情况，完成桥梁工程施工前质量控制体系建立、原材料检测、标准配合比试验；施工中质量控制分工、工序，中期验收流程、缺陷处理；施工后关于质量验收与缺陷责任期的相关工作。

八、工作实施

（一）需完成工作 1

典型工程 HX – 01 小桥施工前质量控制工作。

1. 典型工程 HX – 01 小桥工程施工前质量控制体系建立。

2. 典型工程 HX – 01 小桥工程施工前原材料检测中原材料种类、数量、检测内容、检测频率。

3. 典型工程 HX – 01 小桥工程施工前标准配合比试验种类、内容。

（二）需完成工作2

典型工程 HX – 01 小桥施工中质量控制工作。

1. 编制典型工程 HX – 01 小桥施工中质量控制分工。

2. 编制典型工程 HX – 01 小桥施工工序与中期验收流程。

3. 编制典型工程 HX – 01 小桥施工中缺陷处理方案。

（三）需完成工作 3

典型工程 HX−01 小桥施工后关于质量验收与缺陷责任期的相关工作。

1.编制典型工程 HX−01 小桥施工后关于质量验收的相关工作方案。

2.编制典型工程 HX−01 小桥施工后关于缺陷责任期的相关工作方案。

延伸问题:质量控制与进度控制之间的关系是什么?

九、评价反馈

各组代表展示作品,介绍任务的完成过程。作品展示前准备:准备阐述材料,填写阐述项目表,并完成下列评价表——表6-4、表6-5、表6-6。

表6-4 学生自评表

评价项目	自我评价
任务是否按计划时间完成	
相关理论完成情况	
技能训练情况	
任务完成情况	
材料上交情况	
收获	

表6-5 小组互评、教师评价表

序号	评价项目	小组互评	教师评价	总评
1	任务是否按时完成			
2	材料完成上交情况			
3	作品质量			
4	语言表达能力			
5	小组成员合作面貌			
6	创新点			

表6-6 桥梁工程质量控制学习情境评价表

序号	项目	评分标准	满分	评价			综合得分
				自评	互评	师评	

延伸任务:按照以上过程完成典型工程 HZ-01 中桥质量控制相关工作。

十、桥梁工程质量控制案例【桥涵施工通病及防治措施】

（一）混凝土质量通病的防治

1. 混凝土由混凝土自动计量拌和站拌和、混凝土运输车运送。

计量装置应按规定定期检定，保持计量准确。对骨料含水量的检测，每一工作班不应少于一次。雨期施工应增加测定次数，根据骨料实际含水量调整用水量。

2. 振捣：由经验丰富的专业振捣工负责混凝土振捣，振捣严格按规程进行。分层浇筑的混凝土，控制每层厚度不超过 30 cm；按斜层浇筑的混凝土，控制上层和下层前后浇筑距离保持在 1.5 m 以上。

采用插入式振捣器振捣时，振捣器的移动间距不超过振捣器作用半径的 1.5 倍，与模板保持 5～10 cm 的距离，插入下层混凝土 5～10 cm。每处振捣完毕后边振捣边缓慢提起振捣器，即"快插慢拔"，插入深度不超过振捣器长度的 1.25 倍。避免振捣器碰撞模板、钢筋及预埋件。插入点均匀排列，可排成"行列式"或"交错式"。

混凝土必须振捣到混凝土停止下沉、不再冒气泡、表面呈现平坦泛浆、模板边角充满混凝土的程度。振捣过程应严防漏振或过振，以免混凝土结构表面产生蜂窝、麻面、脱皮。

3. 拆模：结构物混凝土达到拆模强度后进行模板的拆除，拆除时间由试验确定。模板拆除过程中注意对结构物的保护，禁止撞击或刮伤结构物。

4. 天气：尽量避免在雨天或温度过高的情况下进行混凝土浇筑，也不应在温差过大的时段安排浇筑。若必须在此天气情况下浇筑混凝土，必须采取相应的技术和保障措施。

（二）结构物外观通病的防治

1. 模板统一采用大块定型钢模板及大块钢模板，每块钢模板的面积不小于 1.5 m²。

2. 模板拼装时，对接缝进行处理，可在模板的接缝处用胶带密封，也可用腻子、肥皂将模板接缝抹平，防止在混凝土浇筑过程中漏浆。

3. 模板应平整光滑，安装前模板均应经过整修和清理。浇筑前对模板浇水润湿，并涂满脱模剂，禁止涂抹废柴油或废机油。

4. 采用塑料垫块或标准砂浆垫块设置混凝土保护层，确保钢筋保护层符合设计及规范要求。

5. 在施工过程中对同一结构物采用同种规格和品质的水泥、砂石料和外加剂。分次浇筑的结构物，施工过程中的配合比要基本相同，防止混凝土颜色不一致。

6. 混凝土的浇筑、振捣、养护和模板的拆除按前面的规定进行。

（三）钻孔桩施工

1. 护筒冒水

护筒外壁冒水，严重的会引起地基下沉；护筒倾斜和移位，造成钻孔偏斜，甚至无法施工。

（1）产生原因

埋设护筒的周围土不密实，或护筒水位差太大，或钻头起落时碰撞护筒。

（2）防治措施

在埋筒时应选用最佳含水量的黏土分层夯实。在护筒的适当高度开孔，使护筒内保持水头高度。钻头起落时应防止碰撞护筒。发现护筒冒水时，应立即停止钻孔，用黏土在四周填实加固，若护筒严重下沉或移位时，则应重新安装护筒。

2. 孔壁塌陷

钻进过程中，如发现排出的泥浆中不断出现气泡，或泥浆突然漏失，则表示有孔壁塌陷迹象。

（1）产生原因

主要是土质松散，泥浆护壁不好，护筒周围未用黏土紧密填封以及护筒内水位不高。钻进速度过快、空钻时间过长、成孔后待灌时间过长也会引起孔壁塌陷。

（2）防治措施

在松散易坍塌的土层中，适当埋深护筒，用黏土密实填封护筒四周，使用优质的泥浆，提高泥浆的比重和黏度，保持护筒内泥浆面高于地下水位。搬运和吊装钢筋笼时，应防止变形，安放要对准孔位，避免碰撞孔壁，钢筋笼接长时要加快焊接时间，尽可能缩短沉放时间。成孔后，待灌时间一般不应大于 3 h，并控制混凝土的灌注时间，在保证施工质量的情况下，尽量缩短灌注时间。

3. 钢筋骨架上浮

（1）产生原因

首批混凝土的灌注量大小与下灌速度是关系钢筋笼是否容易产生上浮的重要参数。

（2）防治措施

首批混凝土的灌注量，应能满足导管初次埋深不小于 2.0 m 且导管内有一定高度的混凝土，这样一方面可以避免后续灌注混凝土翻喷和孔内泥浆进入导管，影响混凝土灌注桩的质量；另一方面后续混凝土灌注会增加阻力，降低孔内混凝土向上运动的速度，减小对钢筋笼的摩擦力。

4.断桩

（1）产生原因

①混凝土拌和物发生离析使桩身中断。

②灌注中堵塞导管，又未能处理好堵塞问题；灌注中导管卡挂钢筋笼，无法拔出；严重塌孔，在处理不良时，会演变为桩身严重夹泥，混凝土桩身中断的严重事故。

③灌注时间过长，首批混凝土已初凝，而后灌注的混凝土冲破顶层与泥浆相混；导管进水，未及时做良好处理，均会在两层混凝土中产生部分夹泥浆渣土的截面。

（2）防治措施

①导管要有足够的抗拉强度，能承受其自重和盛满混凝土的重量；内径应一致，其误差应小于2 mm，内壁需光滑无阻；导管的最下端一节长度要长一些，一般为4 m，其底端不得带法兰盘。

②导管在灌注前应进行水密试验。

③严格控制导管的埋深和拔管速度，导管不宜埋入过深，也不可过浅。及时测量混凝土的浇灌深度，严防导管拔空。

（四）桥头跳车

1.桥头跳车的危害

桥头跳车的危害主要表现为：影响行车安全、降低行车速度、影响车辆运营费用和加速桥梁及路面的病害，对道路桥梁的运行影响极大。

2.桥头跳车的成因

引起桥头跳车的主要原因：不均匀沉降、刚度突变、车速与车辆本身的抗震性能等。桥梁与路基路面的组成材料、刚度、强度、胀缩性等存在差异，且桥头连接处受力时易形成集中应力。在车辆荷载、结构自重、自然因素作用下，桥梁与道路同时发生沉降，但两者的沉降量有很大差异，道路的沉降量远大于桥梁的沉降量，形成错台，导致行车时发生桥头跳车。

3.桥头跳车的治理措施

（1）加固处理台背填筑前的地基。处理好台背软弱地基是控制桥头跳车的重要措施。提高地基承载力，减少沉降，缩小桥台与路堤的沉降差，避免错台。

（2）严格控制填料质量。桥台后宜填筑内摩擦角较大的透水性材料，便于控制压实质量，减小路基压缩沉降；同时，选用内摩擦角较大的填料也有利于台背缝隙中渗入的雨水沿盲沟或泄水管顺利排到路基外。

（3）桥头路面做特殊结构处理。考虑桥台与台背路面在结构、材料、刚度、胀缩性等方面存在的差异，为了在其纵、横向都能平顺逐渐过渡，可采取设置枕梁、搭板、变厚式埋板的措施。

任务 7　桥梁工程造价控制

一、学习目标

学生通过本任务的学习与训练,学会桥梁工程造价控制。

二、学习情境描述

在典型工程 HX-01 小桥施工图设计项目中,完成施工前、施工中、施工后关于造价控制的相关工作。

三、学习任务

桥梁工程施工前施工图预算、投标报价编制,施工中工程结算,施工后竣工决算等关于造价控制的相关工作单如表 7-1 所示。

表7-1　桥梁工程造价控制学习任务单

施工班组		组长		日期	
施工任务:典型工程 HX-01 小桥施工前施工图预算、投标报价编制,施工中工程结算,施工后竣工决算等关于造价控制的相关工作					
意见					
签章					

四、任务分组

表7-2　学习任务分配表

班级：　　　　　组长：　　　　　组号：　　　　　学号：

组员	分工
组员1	
组员2	
组员3	
组员4	
组员5	
组员6	
指导教师	
评语	

所需资料：

《公路工程建设项目概算预算编制办法》(JTG 3830—2018)；

《公路工程预算定额》(JTG/T 3832—2018)；

《公路工程机械台班费用定额》(JTG/T 3833—2018)；

《公路工程标准施工招标文件》(2018年版，第三卷，第八章工程量清单计量规则)。

五、引导问题

引导问题1:桥梁工程造价控制包括哪些基本工作?

引导问题2:桥梁工程施工前关于造价控制的相关工作有哪些? 请分别写出。

引导问题 3：桥梁工程施工前的预算由几项内容组成？请详细写出各项工作顺序与内容。

引导问题 4：施工前如何得到桥梁工程的人工、材料、机械数量统计表？

引导问题 5：桥梁施工中造价控制工作有哪些？

引导问题6:桥梁施工中合同外工程结算工作程序与费用确定。

引导问题7:桥梁工程计量与支付的关系。

引导问题8:桥梁工程施工后关于造价控制的相关工作有哪些？请分别写出。

引导问题9：交工验收与竣工验收涉及造价相关工作有哪些？请分别写出。

六、工作计划

按照收集的资讯和策划过程，制订桥梁工程造价控制工作的计划，计划包括施工图预算、投标报价、工程结算、竣工决算所需资料准备、造价文件编制，完成表7-3。

表7-3 桥梁工程造价控制工作工序流程

步骤	控制工作	负责人

七、进行策划

检查施工前任务准备，以及施工的主要流程。

八、工作实施

（一）需完成工作1

编制小桥施工图预算中建筑安装工程费。

1. 典型工程 HX-01 小桥施工图预算中建筑安装工程费组成与涉及预算表格种类。

2. 典型工程 HX-01 小桥施工图预算中建筑安装工程费编制思路。

3. 小桥建筑安装工程费中直接费用的编制(完成表格单独提供)。

(二)需完成工作2

小桥施工结算。

1. 典型工程图纸中每个桥台、桥墩扩大基础的工程内容与工程量是什么? 制作结算报表。

2.根据给定小桥变更与索赔信息,进行基础合同外工程结算。

3.按照施工组织设计安排,编制每月计量报表。

（三）需完成工作3

小桥竣工决算编制。

1.竣工决算编制的内容与负责主体。

2.竣工决算与中标合同价之间的关系。

3.施工单位完成的标段合同款竣工决算与项目总竣工决算的关系。

延伸问题:造价控制与进度控制之间的关系。

九、评价反馈

各组代表展示作品,介绍任务的完成过程。作品展示前准备:准备阐述材料,填写阐述项目表,并完成下列评价表——表7-4、表7-5、表7-6。

表7-4　学生自评表

评价项目	自我评价
任务是否按计划时间完成	
相关理论完成情况	
技能训练情况	
任务完成情况	
材料上交情况	
收获	

表7-5　小组互评、教师评价表

序号	评价项目	小组互评	教师评价	总评
1	任务是否按时完成			
2	材料完成上交情况			
3	作品质量			
4	语言表达能力			
5	小组成员合作面貌			
6	创新点			

表7-6　桥梁工程造价控制学习情境评价表

序号	项目	评分标准	满分	评价			综合得分
				自评	互评	师评	

延伸任务: 按照以上过程完成典型工程 HZ - 01 中桥造价控制工作。

十、桥梁工程造价控制案例1【某大型路桥工程企业造价管理规定】

（一）公司管理原则

1. 项目开工前一律做好成本指标核定工作，保证成本控制和利润分成有所依据。

2. 如果具备条件，一律以成本指标作为核定依据，组织项目经理竞争上岗，确保公平公正。

3. 一律签订成本指标责任书和安全生产责任状，如有必要，项目班子成员按规定上交风险抵押金，确保指标完成。

4. 一律把项目概况、施工方案、各项基础管理等按流程在"今目标"实现，签订"今目标"运行责任状。

5. 物资设备采购和租赁、劳务队伍选用、现场经费的使用，一律经相关部门审批，如果条件具备，要进行公开招标，同时建立相关档案，保证合同签订合规合法。

6. 一律实行资金预算管理和计划申报工作，项目一律制订好资金使用计划，控制负债率指标。

7. 一律做好成本分析工作，项目经理做到心中有数，加强已完工未结算工作。

（二）成本管理

1. 成本是项目管理的关键目标，为加强成本管理，公司成立"成本管理中心"。其组织机构如下：

组长：总经理

副组长：主管成本副总经理

固定成员：企业策划部　人力资源部　绩效审计部　设备物资部　工程管理部　财务部　项目部

变动成员：测量人员　项目经理　项目总工程师　计划员

2. "成本管理中心"的工作流程：项目中标后或项目已确定为我公司承建施工任务，并且具备开工条件时，由"成本管理中心"组长或副组长抽调"成本管理中心"成员组建"现场踏查小组"，进行工地现场实际工程量测量及原材料调查（对料源、运距、价格、产量等基本信息形成具体报告）。"现场踏查小组"的具体负责人由副组长根据组建的踏查人员临时指定。"现场踏查小组"需对该项目的驻地位置和拌和站位置提出规划意见。踏查结束后，根据踏查收集的信息，由工程管理部组织现场踏查人员编制《施工组织方案》，该方案需经公司专项会议审议。企业策划部根据审议通过的《施工组织方案》，结合现场踏查人员提供的详细信息，编制该项目的《成本计划》。同时，由项目部参照该《施工组织方案》编制项目《施工组织设计》和《成本计划》。"成本管理中心"与项目部共同对《成本计划》进行探讨并优化,报总经理审批后,作为项目成本管理的最终依据。

3.项目部在施工前及施工过程中,及时通过 OA 信息化平台将设备、材料、人工、分包等能够发生应付款项的合同上报相应职能部门,并发起合同审批流程,未经审批的合同,严禁项目部对外签订。项目施工过程中,工程管理部根据工程统计报表及实地测量复核,随时掌握项目施工进度。"成本管理中心"根据实地复测工程量核定实际工程量对应的成本计划,并运用视频监控、原材料计划消耗等手段,实现项目进度管理及成本管理的动态控制。

4."成本管理中心"变动成员在工作期间的考勤及补助由企业策划部负责记录及发放。

（三）企业策划

1.根据项目经营方式的不同,企业策划部需起草《项目经营目标责任书》及《项目承包合同》范本,并制定《项目经理绩效考核评价办法》和《项目经理绩效考核评价指标记分办法》,办法中需规定对未完成指标项目的处罚及对完成指标项目的奖励方式。《项目承包合同》中需规定与承包人的相关约定,并制定保障公司利益的风险防范措施。同时,针对签订的《项目承包合同》制定专项管理方案。

2.企业策划部负责组织公司相关技术人员编制公司的《员工手册》,丰富手册的内容,以服务施工、指导施工为目的,并不断完善。

（四）合同管理

1.各单位与他方发生的任何合同,均需通过 OA 信息化平台上报相关职能部门进行预审,预审通过后,由相关职能部门转报公司企管副总经理审批,严禁各单位未经审批与他方签订合同,否则,将给予相关责任人严肃处理。

2.合同审批部门划分。《设备租赁合同》《大宗材料采购合同》《周转材料采购合同》《场地租赁合同》《运输合同》由资产管理部负责;《项目承包合同》和《大宗材料采购合同》中合同数量部分由企业策划部负责。

3.合同签订流程为:各单位洽谈合同内容及合同细节后,通过 OA 信息化平台发起合同审批的第一级审批流程,待审合同流转至相关职能部门,相关职能部门在接到待审合同后,两日内（非两个工作日）提出审核意见。第一级流程审批通过后,由相关职能部门转报公司企管副总经理进行第二级审批流程,当企管副总经理审批通过后,项目部方可签订合同。

4.合同签订后,各单位需将合同原件递交至相关职能部门备案,待合同履行完毕后,由职能部门转交公司办公室存档。

（五）财务审计管理

1. 项目经理部根据施工组织设计编制《月资金使用计划》，通过 OA 信息化平台上报至公司财务部审核，财务部审核通过后，抄送至企管副总经理及总经理审阅。《月资金使用计划》中需核定项目经理部每月现金使用额度，其中包括可能发生的突发性现金支出额度。

2. 坚决执行"四个一致"，即供应商挂账名称、签订合同名称、发票名称、银行账户名称一致性的财务管理制度。为确保此条款的认真落实，公司利用 OA 信息化平台运行"资金支付监控流程"。"资金支付监控流程"采取付款前监控的方式。每次付款前，由项目经理部在 OA 信息化平台上发起资金付款申请流程，上传《付款计划审批表》和《成本分析报告》。流程的第一级审批部门为企业策划部，企业策划部审核付款额度是否超出计划量。流程的第二级审批部门为财务部，审核应付款项的挂账名称、合同名称、银行账户名称是否一致。财务部审核通过后，"资金支付监控流程"运行结束，财务部方可为项目部的应付款项付款。

3. 今目标管理平台《成本分析报告》。

项目部申请付款前，需在 OA 信息化平台上，按照付款申请审批程序提交《成本分析报告》，报告日期截止在每月 30 日。该报告应包括以下内容：

（1）实际完成工程量和工作量情况概述并填表。

（2）实际成本与计划成本对比说明，并按规定格式填表。填写时注意把清单项目列全，参照指挥部的支付报表。

（3）表中填写的计划成本和实际成本中的人工费、材料费、机械费等数据，均需要附详细计算说明。

（4）如果实际成本超出计划成本，需进行详细分析，并阐明原因，说明将采取何种措施使其受控且不影响总体目标的实现。

4. 今目标管理平台财务报表编制说明。

（1）财务部上传发票。

（2）财务部依据发票填写发票统计表。

（3）财务部依据每期付款明细填写累计付款统计表。

（4）财务部依据合同、发票、发票统计表、累计付款统计表、本期付款计划，编制付款计划审批表。

（5）财务部依据企业策划部审核通过的实际成本信息、合同信息、发票信息、发票统计表、累计付款统计表对付款计划审批表进行审核。

（6）项目备料或其他特殊情况需预付款项时，要单独填写《备料付款申请表》和《预付款申请表》。

（7）审核具体要求：

①发票名称、合同名称、挂账名称、付款账户名称一致。

②不允许超付(备料期间或特殊设备需要预付货款单独申请)。

③公平公正原则付款,农民工工资优先支付,避免出现诉讼或其他争议。

④避免项目之间随意调拨资金。

⑤避免资金用于非施工生产项目。

(8)报表编制具体要求:

①发票统计表、累计付款统计表与付款计划审批表相关内容一致。

②付款计划审批表第2栏"成本分解"中人工费、材料费、机械费按照应付账款供应商名称填列,未挂应付账款的在其他项下填列,其他直接费贷方挂应付账款的按照供应商名称填列,小额零星费用直接支付现金的据实填列;现场经费按照费用细项据实填列。

③付款计划审批表第3栏"成本金额"与企业策划部审核批准的成本分析中"实际成本金额"一致。

④严禁项目经理部以现金形式支付以下应付账款:A.机械费(零租设备除外);B.材料费(零星柴油购置除外);C.分包商工程款;D.运费。此条款规定的内容作为绩效审计部的重点审计内容,如发现违规现象,公司将给予项目经理部财务人员相应的处罚。

⑤已完工项目,在质保期内发生的成本支出,必须经企管副总经理签字后方可入账。此条款的落实与执行交由公司绩效审计部负责。

(六)大宗材料管理

1.大宗材料供应商的选择实行"公开、公平、公正"的原则。资产管理部与项目经理部均有对材料供应商进行调查、核实的职责。大宗材料的单价及供应商的确定必须建立在资产管理部与各项目部对各供应商充分调查的基础上,通过公司材料专项会议研讨后,方可确定。资产管理部负责建立材料供应商信息化平台,广泛收集各材料供应商信息,为各单位搭建多向选择的机制。

2.大宗材料进场实行项目经理部负责、职能部门监督的双重管理机制。项目经理为第一责任人,全面负责材料进场的质量、数量、统计、结算等具体工作,职能部门在材料进场的各相关环节加强监督、履行职责,在大宗材料进场环节负连带责任。

3.公司在大宗材料进场环节推行信息化物联监管方式。各单位在大宗材料进场前,需在储料场安装网络视频监控装置(个别项目因特殊原因不具备安装条件的除外),监控装置未安装完毕前,大宗材料不得进场入库。

4.各单位需每日统计当天备料种类及数量,及时上报资产管理部。资产管理部设置专职材料员核实每日进料数量,确保双重管理机制的有效落实。

5.各单位统计的《材料费结算单》需每个月上报公司资产管理部及企业策划部核

实,资产管理部一经发现材料进场数量与实际数量不符,或企业策划部一经发现材料进场数量与计划消耗数量不符的情况,公司将对相关责任人进行严肃查处。

（七）外租设备管理

1. 资产管理部是外租机械管理的监管部门,负责建立外租机械设备信息平台,公司平台内设备资源均在项目部的合作方及社会上收集。凡公司外租施工机械均需在资产管理部留存备案。备案材料包括设备照片、设备所有人、设备出厂日期、设备租赁单价、设备平均油耗、联系方式及施工单位对设备使用效果的综合评价等相关资料。

2. 各单位在租赁施工机械时,以设备信息平台内的机械为主要租赁对象,平台内设备无法满足施工要求时,可以自行租赁。

3. 公司各单位在租赁施工机械时,需综合对比各外租设备的状态及单价。资产管理部负责构建外租设备评价体系,体系建成后,公司将优先选择体系内信用评级高的外租设备,并与之建立长期合作的关系。用以提高设备使用率,降低施工成本,为各单位提供设备保障。

4. 公司外租设备实行信息化物联监管方式。凡与公司签订《机械设备租赁合同》的机械设备均需安装 GPS 定位系统,便于公司对外租设备利用率及完好率进行全面掌握。

5. 各单位租赁机械设备时,凡租赁时间超过 15 天的机械设备必须与公司签订《机械设备租赁合同》。使用时间在 15 天以下的机械设备无须签订《机械设备租赁合同》,但需在 OA 信息化平台上发起《零租机械设备申请》,经公司主管工程的副总经理审批同意后,方可租赁。

（八）自有设备管理

1. 设备租赁公司是自有设备管理的具体实施单位,负责设备的运营、维修、保养、保管等具体工作;资产管理部是自有设备的职能监管部门,承担自有设备在运营过程中的综合管理工作。

2. 自有设备配件的采购实施大额审批制,凡单件金额超出 5000 元的配件及一次性维修总价超出 10000 元的配件需设备租赁公司通过公司 OA 信息化平台发起《配件审批》流程,报公司主管副总经理审批,审批通过后,方可允许设备租赁公司购买。设备租赁公司财务在接收报销票据时,需严格对照 OA 信息化平台上已完成《配件审批》流程的批件。

3. 自有设备对外租赁时,需公司主管副总经理同意后方可租赁,租赁合同需通过公司 OA 信息化平台上报公司资产管理部审批,未得到公司主管副总经理批准,严禁自有设备对外租赁。

十一、桥梁工程造价控制案例2【成本管理失败案例】

(一)内业成本案例

1.开工报告未及时上报或未批复,提前进行施工了,图纸后来发生变化,监理单位和甲方不予承认,导致施工成本的增加。

2.土方路基的标高填写错误,由于内业资料是外业施工状况的反映,内外业不符,被认为是内业资料造假。

3.与前施工单位交接时,未保存好交接记录(丢失),造成数据分歧影响成本。

4.文件传递不及时或丢失,导致现场施工未按照新文件进行,造成错误施工,影响工期及成本。

5.土方施工中,每月计量时,由于内业资料与外业施工不同步,落后于外业,造成计量时未按月计量回足够的计量款,使下月施工中无足够的资金可用。

6.施工组织设计编制粗糙,成本计划不细致,成本控制关键点得不到及时控制而使成本增加。

(二)外业成本案例

1.在土方施工中,由于土场选择时未进行土场取土量调查,所以在取土时无法取出设计土量,而且由于工期较紧,重新征用土场需要时间,造成无土施工,使人员和机械闲置,增加施工成本。

2.测量放样时未进行复核,造成桥梁基础施工后,墩柱位置偏移,板梁无法放置到盖梁上,将墩柱及基础破除,重新进行施工,影响工期及成本。

3.桥梁施工测量控制点未保护好,导致基础施工放样全部偏移,造成多根钻孔桩偏位,重新进行施工,影响工期及成本。

4.路面基层进行施工后,洒水养生不及时,导致水泥稳定碎石基层强度不足,取芯不完整,推除后重新施工,影响工期和成本。

5.沥青混凝土路面施工中,由于个别粒径的碎石进场过多,无法用完,拌和站擅自调整配合比,加大剩余的碎石用量,导致沥青混凝土品质下降,被上级单位发现摊铺后的路面质量不合格,推除重新铺筑,影响成本。

6.土石方施工方案没有综合考虑填挖平衡,增加运距,从而增加成本。

参考文献

［1］卫申蔚.桥梁工程施工技术［M］.北京：人民交通出版社,2008.

［2］王运周.桥涵施工［M］.北京：人民交通出版社,2007.

［3］杨玉衡,邵传忠,耿小川.市政桥梁工程［M］.北京：中国建筑工业出版社,2007.

［4］王常才.桥涵施工技术［M］.北京：人民交通出版社,2002.

［5］王云江,邢鸿燕.桥梁施工技术［M］.北京：中国建筑工业出版社,2003.

［6］李宝昌,高世明.市政桥梁工程施工［M］.北京：中国建筑工业出版社,2010.